고난극복 : 변나명용

고난 극복

:변나명용

한창수

고난은 **변**장하고 오는 하나님의 축복·고난은 하나님의 영적 기상**나**팔
고난은 하나님의 **명**품 만들기·고난은 하나님의 **용**광로

규장

천로역정 같은 변.나.명.용.

《롬팔이팔》을 출간하고 난 후에 많은 사람이 나에게 "그렇게 고생
하면서 살았는지 몰랐다. 어떻게 그 고난의 시간을 잘 견뎠느냐"
는 위로와 격려의 말을 해주었습니다. 그런가 하면 어떤 분들은
"부잣집 막내아들처럼 생겼는데, 어떻게 고생의 흔적이 이렇게 없
느냐"는 질문을 하기도 했습니다.

부잣집 막내아들이 어떻게 생겼는지는 모르지만, 나를 귀하게
여기시는(마 6:26) 하나님을 만난 후로는 하나님나라 부잣집 막내
아들이 된 것은 맞는 말입니다.

성도에게 고난은 상흔으로 남지 않고 영광으로 남습니다. 고난
의 시간을 보내는 동안 주님이 함께하시고 인도하셨기 때문에 늘
즐겁게 살 수 있었습니다.

제 아내는 고교 시절부터 저를 잘 알았습니다. 함께 중창단을

하며 교회를 다니던 친한 친구였지요. 만일 제가 극심한 고난 가운데서 인생을 비통해하며 생활고에 시달리는 모습을 보였더라면 제 아내는 저를 배우자로 선택하지 않았을 것입니다.

아내의 표현으로는 제가 '항상 즐겁고 기쁘게' 살았다고 합니다. 새벽 신문을 돌리고, 붕어빵 장사를 하고, 파출소 학생 방범대원으로 밤을 지새우고, 입시 과외를 하는 등 생계를 위해 하는 모든 활동조차도 친구인 제 아내의 눈에는 즐거워 보였다고 합니다.

고난은 누구에게나 있습니다. 워낙에 여러 모양으로 다가오기 때문에 고난인 줄 모르고 지나가기도 하고, 고난이 너무 극심해서 삶의 회의에 이르기도 합니다. 이제 이 책에서 여러 가지 모습으로 다가오는 고난의 얼굴들을 욥의 고난을 묵상하면서 '변나명용'으로 함께 풀어보려고 합니다.

'변나명용'은 303비전성경암송학교를 설립하신 고(故) 여운학 장로님이 암송하기 전에 매번 선창하도록 가르치신 구호입니다.

변장하고 오는 하나님의 축복.
우리의 영혼을 깨우는 하나님의 영적 기상나팔.
하나님의 명품 만들기.
하나님의 용광로.

고난의 네 가지 얼굴, '변나명용'을 묵상하면서, 또 우리를 향한 격려와 사랑이 가득한 하나님의 말씀을 한 절 한 절 암송하면서 말씀으로 고난을 이겨나가기를 바랍니다. 고난이 올 때는, 하나님께 집중하는 것이 가장 중요합니다. 하지만 요동하는 환경에 하나님께 집중하는 것이 쉽지 않을 때가 많지요. 그럴 때 말씀을 암송하는 것이 큰 도움과 은혜가 됩니다.

이 책의 장마다 한 절씩 외울 수 있도록 암송 구절을 첨부해두었습니다. 읊조리며 암송하다 보면 어느새 말씀이신 하나님이 함께하심으로 고난을 극복해나가는 은혜를 경험하리라 믿습니다.

고난이 고난인 줄도 모르고 살았던 어린 시절, 그러나 지나고 나서 보니 그 고난의 때가 지금의 축복이 되어 있어서 얼마나 감사한지 모릅니다. 고난의 때에 하나님을 붙들 수밖에 없었던 기도의 시간이 저에게는 영적 기상나팔 소리였습니다. 끝날 것 같지 않던 고난을 통해 얼마나 많은 하나님의 손길이 닿았는지, 제법 명품 신앙을 갖게 되었습니다. 조각가의 손길만큼이나 많이 다듬어주신 하나님께 감사드렸습니다. 용광로에서 불순물을 다 태워버리고 난 후에 순금같이 만드시는 하나님을 경험하게 되었습니다.

그러나 내가 가는 길을 그가 아시나니
그가 나를 단련하신 후에는

내가 순금같이 되어 나오리라 욥 23:10

성경 시대에 순금을 분별하기 위한 방법으로 자신의 얼굴을 비춰봤다고 합니다. 거울처럼 선명하게 보이면 순금, 조금 흐리게 보이면 18K, 많이 흐리면 14K, 얼굴이 보이지 않으면 잡철로 분류한다고 합니다.

하나님께서 우리를 '거룩'이라는 용광로에 넣어서 하나님의 얼굴이 보일 때까지 녹여내는 과정이 용광로의 고난입니다. 이 고난의 과정을 지나고 나면 우리의 얼굴에는 주님의 얼굴이 투영될 것입니다.

고난의 결론은 하나님의 얼굴을 보는 것입니다. 욥은 귀로 듣기만 하던 하나님을 눈으로 뵙게 됩니다. 그 순간 욥의 얼굴에 비친 하나님의 얼굴, 그것이 고난의 용광로가 보여주는 결말입니다.

욥이 지나간 변나명용의 길을 한 걸음씩 함께 걸어가다 보면 그 고난의 끝에 하나님의 축복과 영적 각성, 명품 신앙과 용광로를 통과하여 투영된 하나님의 얼굴이 드러날 것입니다.

한창수 목사

프롤로그

인트로

차례

에필로그

생명으로 가는 길

내가 사는 대구시와 경상북도 접경의 도로를 둥글게 이으면 108킬로미터가량이 된다. 나는 매년 여름과 겨울, 일 년에 두 번씩 '대구 사랑 걷기'라는 이름으로 이 길을 걷는다. 3박 4일의 일정으로 하루에 12시간, 35킬로미터씩 걸으며 대구를 향한 하나님의 사랑을 부어달라고 기도한다.

'엠마오교회'라는 이름도 이 걸음 때문에 지어졌다. 엠마오 마을로 가는 두 제자는 예수님과 길에서 동행하며 말씀을 들었다. 말씀을 들을 때 가슴이 뜨거워졌던 두 제자는 엠마오를 지나가려는 예수님을 마을로 모시고 들어가 함께 식사하며 떡을 떼었다. 예수님이 축사하시고 떡을 떼어주실 때에 제자들의 눈이 밝아졌던 것처럼, 예수님이 대구를 지나가지 마시고 대구에 오셔서 떡을 떼어주시기를 바라는 기도와 함께 17년간 이 길을 걸었고, 그러는 사이 대구를 서른여섯 바퀴 돌았다.

100킬로미터가 넘는 길을 걷는다는 게 쉽지만은 않다. 겨울에는 춥고, 여름에는 무덥다. 다리도 아프고 호흡도 가빠져서 제대로 된 기도를 하기도 어렵다. 그럴 땐 그냥 터벅터벅 걸을 뿐이다. 그럼에도 불구하고 겨울에 걷는 걸음은, 겨울 끝자락에 땅에서 올라오는 봄의 생명을 느낄 수 있어서 희망차고, 여름에는 뜨거운 태양 빛을 온 땅이 흡수해서 가을의 열매를 알리는 넉넉함에 위로가 된다.

무엇보다 차로 지나갔다면 결코 보지 못했을 길을 두 다리로 터벅터벅 걷는 동안, 인간이 얼마나 흙과 가까운 존재인지, 땅과 더불어 살 수밖에 없는 존재인지를 느끼며 겸허한 생각을 갖게 된다.

우리가 사는 이 땅은 "태초에 하나님이 천지(天地, 하늘과 땅)를 창조하시니라"(창 1:1)라고 말씀하셨던 그 땅(에레츠)이다. 인간을 포함한 다른 어떤 피조물보다 먼저 창조된 것이 바로 땅이다. 첫째 날 빛을 만드시고, 그 빛 아래 보이는 피조물로 가장 먼저 하늘과 땅이 만들어졌으며, 그 땅의 흙으로 마지막 날 인간이 창조되었다.

가장 처음 만들어진 땅과 가장 마지막 날 지어진 인간이 그 땅의 흙으로 만들어졌다는 것은 의미심장한 일이다. 인간이 그 땅을 걷는다는 것이 창조 질서에 있어서 얼마나 조화로운지를 느끼는 순간이 '대구 사랑 걷기'를 하는 동안이다.

특히 겨울의 끝자락에서 걷는 걸음은, 마른 나뭇가지 끝에 올라오는 작은 봉오리들이 생명의 봄을 기대하게 한다. 그리고 얼어붙어 있던 갓길 바닥의 흙에서는 새싹이 올라와 겨울 끝자락의 길을 걷는 내 걸음을 반겨준다. 봄을 가장 먼저 알리는 매화꽃이 겨울의 끝을 알리기도 한다.

봄을 이길 수 있는 겨울은 없다. 끝나지 않을 것 같은 겨울이 어느새 지나가고 꽃이 만발하여 우리를 환영하듯이, 우리 각자의 삶이 겪고 있는 고난의 겨울도 예수님의 십자가를 묵상하는 동안에 부활의 생명으로 거듭나게 된다. 그래서 음력으로 춘분 이후 첫 만월(滿月, 보름) 다음에 오는 주일이 부활절이다.

구약에서 유월절 절기는 애굽의 압제에서 벗어나 가나안 땅으로 향하는 자유와 해방, 구원을 기념하는 절기다. 그뿐만 아니라 유월절은 겨울이 끝나고 봄을 알리는 생명의 절기이기도 하다. 이 절기에 우리 주님은 우리를 모든 죄와 사망의 굴레에서 벗기기 위해 십자가에 죽으시어 우리를 구원하셨다.

우리 인생을 짓누르는 고난의 겨울이 끝나고
생명의 봄으로 거듭나는 은혜가 십자가 복음이다.
고난은 생명으로 가는 길이며,
고난을 뚫고 나서야 하나님의 뜻을 알 수 있다.

'변나명용'은 303비전성경암송학교와 규장의 설립자이신 고(故) 여운학 장로님이 제창하셨던, 그리스도인의 인생관이 담긴 구호다. 303비전성경암송학교에서 성경을 암송할 때, 매번 외치는 구호가 있다.

"할렐루야 예수님의 참 제자, 주안에서 항상 기기감찬순, 변나명용, 롬팔이팔, 살아계신 하나님의 말씀!"

짧지만 이 안에는 주님 안에서 우리가 항상 힘써야 할 신앙 태도와 말씀암송을 하는 궁극적인 이유, 그리고 여 장로님이 평생 힘쓰고 애써온 인생관이 담겨 있다. 그 담긴 뜻을 간략하게 살펴보면 이렇다.

범사에 기기감찬순

"할렐루야." 하나님의 백성은 하나님을 영화롭게 하며 모든 영광을 하나님께 올려드려야 한다.

"예수님의 참 제자." 성경암송을 하는 목적이다. 말씀을 마음에 새겨 말씀대로 살아 예수님의 참 제자가 되는 것이 성경암송의 이유이다.

"주 안에서 항상." 주안에서 항상 힘써야 할 예수님의 제자로서의 삶의 태도를 말한다. 일상에서 힘써야 하는 태도가 '기기감찬순', 고난의 때에 가져야 할 삶의 태도가 '변나명용'이다.

"기기감찬순." 주안에서 항상 힘써야 할 다섯 가지 덕목을 정리한 것이다. 주 안에서 항상 기뻐하라, 주 안에서 항상 기도하라, 주 안에서 항상 (범사에) 감사하라, 주 안에서 항상 찬송하라, 주 안에서 항상 순종하라는 다섯 가지 명령의 첫 글자이다. 이는 예수님의 참 제자인 우리가 주님 안에서 항상 힘써야 할 다섯 가지 삶의 태도이며, 성경 곳곳에서 이것을 '하나님의 뜻'이라고 말씀하고 있다(빌 4:4-7, 살전 5:16-18 참조).

고난이 찾아올 때 변나명용

'기기감찬순'의 다섯 가지 삶의 태도를 가지고 살아가더라도 죄 많은 세상에서 사는 우리는 이 땅에서 헤아릴 수 없이 많은 고난을 당하게 된다. 내가 생각하는 대로, 계획하는 대로 되지 않는 게 인생 아니던가. 그리고 예수님을 믿고 그분의 가르침을 따라 산다는 것 자체가 이 세상의 관점으로는 고난의 연속이다. 세상을 살다가 여러 가지 어려움을 당하는 성도들에게 요구되는 삶의 자세가 '변나명용'과 '롬팔이팔'이다.

"변나명용." 성도가 이 땅을 살아가는 동안 뜻하지 않게 원하지 않았던 고난과 고통을 직면하게 되었을 때, 그 고통을 이해하고 해석하는 '해석의 의미'가 여기에 담겨 있다. 이걸 내게 가르쳐주신

여 장로님은 평생 변나명용의 자세로 사셨고, 결국 합력하여 선을 이루시는 하나님을 경험하셨다.

'변'은 "고난은 변장하고 오는 축복과 같다"라는 의미다. 그러므로 고난이라 여겨질 때 그 고난의 끝에 하나님이 부어주실 복을 기대하며 잘 견디고 인내하라는 뜻이다. 당장은 고난이 무섭고 피하고 싶지만 정작 잘 겪고 나면 그것이 복이 된다는 의미에서, 고난은 변장하고 찾아온 축복이란 것이다. 이것을 기억하며 고난이 올 때 원망하고 정죄하기보다 고난을 복의 근원 되신 하나님의 선하심이 드러나는 전조현상으로 여겨야 한다.

C. S. 루이스는 《고통의 문제》에서 고난은 축복을 감싸고 있는 포장지라고 말했다. 이 포장지를 뜯어야만 그 안에 보배로운 선물이 가득하다는 것을 알게 된다. 포장지에 싸여있는 하나님의 복을 누리기 위해서는 고난이라는 포장지를 뜯어봐야 한다. 이런 의미에서 고난은 변장하고 오는 축복이다.

'나'는 "고난은 우리의 영혼을 깨우는 영적 기상나팔 소리와 같다"라는 의미다. 하나님께서는 성령님을 통해 우리의 영혼이 세상의 복과 평안 가운데 깊은 잠에 들지 않도록 때때로 고난을 통해 우리의 영혼을 깨우신다. 고난이 찾아오면 우리는 화들짝 놀라 기도하게 되고 다시 말씀 앞에 서게 되지 않는가?

군인이 아침 6시에 울리는 기상나팔 소리를 듣고 잠에서 깨어나듯, 세상에 젖어 우리가 자는 줄도 모른 채 잠들어있는 우리 영혼을 흔들어 깨우는 영적 기상나팔 소리이자 확성기가 고난이다.

이 말은 참으로 사실이다. 시편 119편에서 시편 기자는 이렇게 노래한다.

고난당한 것이 내게 유익이라

이로 말미암아 내가 주의 율례들을 배우게 되었나이다 시 119:71

잠자는 사람은 깨어나기 전까진 자신이 자고 있다는 사실을 인지하지 못한다. 이런 우리를 깨우는 기상나팔 소리가 고난이다.

'명'은 "고난은 성도의 삶을 명품으로 만드는 하나님의 손길"이란 뜻이다. 원석을 깎아서 보석을 만들듯이 고난은 원석 같은 우리 존재를 잘 다듬어서 빛나는 명품 보석으로 만들어내는 하나님의 손길이다.

하나님은 성도의 삶을 명품으로 만들기 위해 고난이란 큰 과정을 뚫고 지나가게 하신다. 우리를 하나님의 손이 닿은 흔적이 있는 하나님의 한정판 명품으로 존귀하게 만들려고 하나님이 다루시는 신앙의 명문 과정이 고난이다.

제자들의 마음을 굳게 하여

이 믿음에 머물러 있으라 권하고

또 우리가 하나님의 나라에 들어가려면

많은 환난을 겪어야 할 것이라 하고 행 14:22

'환난'이라는 말은 탈곡기를 거쳐서 알곡이 되는 과정이라는 의미다. 알곡이 되기 위해서는 탈곡기를 지나는 도정 작업이 꼭 필요하듯이, 신앙생활이 알곡과 같이 되려면 반드시 영적 탈곡기를 지나야 한다.

세계적인 석학들, 뛰어난 아티스트와 운동선수들의 삶이 어땠는가? 그들은 명문 대학에 가기 위해 죽도록 공부하고, 세계적으로 인정받기 위해 죽도록 그림을 그리고 연주 연습을 한다. 운동선수들은 조금이라도 기록을 올리기 위해 죽도록 훈련하고 경기를 한다. 그렇게 해서 명예의 전당에 오르는 것이다. 고난은 우리를 하나님의 명예의 전당에 등용시키는 등용문이다.

마지막으로 '용'은 "고난은 거룩한 용광로와 같다"라는 의미다. '거룩'이라는 용광로를 통과하여 모든 불순물을 제거하고 우리를 순결하게 하는 마지막 작업이다. 우리 안의 불순물을 태워서 우리가 순금같이 나오도록 순결함에 이르게 하는 하나님의 방편이다.

결론은 롬팔이팔

결론은 "롬팔이팔"(롬 8:28)이다. "롬팔이팔"은 로마서 8장 28절의 말씀으로, 모든 일에 합력하여 선을 이루시는 하나님의 섭리

를 말한다. 내가 쓴 첫 번째 책 《롬팔이팔》에서 개인 간증과 교회
의 여러 가지 이야기를 전하며, 하나님의 선하심을 고백한 적이 있
다. '롬팔이팔의 하나님'을 믿어야 고난의 '변나명용' 반전이 가능
하다. 그래서 303비전성경암송학교에서는 성경암송을 할 때마다
"변나명용 롬팔이팔"을 구호로 외친다.

우리가 여러 모양으로 경험하는 고난은 개인마다 차이가 있다.
고난을 받아들이는 정도도 다르고, 극복하는 과정도 다르며, 이
유도 다르다. 예수님의 참 제자로 살아가는 동안 우리는 무수한
고난을 겪게 된다. 성도가 이 세상에서 평생 꽃길을 걷는 그런 인
생은 없다.

《천로역정》의 크리스천이 천성을 향한 순례의 길을 걷는 동안
험난한 시험과 고난의 과정을 반드시 거쳐야 했던 것처럼, 고난을
피할 수 없는 게 우리 인생이라면, 고난을 통해 하나님이 우리를
어떻게 인도하실지 다양하게 묵상해볼 필요가 있다. 깊이 묵상하
여 제대로 지날 때, 고난은 우리에게 복이 되기도 할 것이고, 자는
영혼을 깨우기도 할 것이며, 우리의 삶을 더욱 빛나도록 다듬고,
순결하게 할 것이다.

욥기의 본문을 읽으면서 '변나명용'이라는 주제로 고난의 의미
를 다시 묵상하며, 이 네 가지 주제로 욥기를 재구성해 보았다.
'고난'은 사실 목회자가 다루기 가장 부담스러운 주제다. 축복을

설교하는 게 훨씬 인기 있고 메시지도 성도들에게 잘 전달된다. 성도들이 신앙생활 하는 이유는 대부분 복이 목적이기 때문이다. 고난이 왔을 때 화들짝 놀라 주님을 찾는 성도는 있어도, 고난당하려고 신앙생활 하는 성도는 없다.

고난은 되도록 피하거나 극복하기를 기도하지, 고난 그 자체가 목적이 되진 못한다. 그렇기 때문에 '변나명용'이란 주제는 지금 고난당하는 이들에게는 공감이 되겠지만, 그렇지 않은 성도들에게는 관심이 안 가고 또 가능하다면 피하고 싶은 주제이리라.

그러나 그럼에도 불구하고 인류가 끊임없이 풀어야 할 인생의 과제가 고난의 문제이며, 목회자에게는 이것 자체가 고난일 것이다.

목회자에게 가장 큰 과제가 성도가 당하는 고난에 대한 해석이듯이 고난의 문제를 해석하기 가장 어려운 종교가 기독교이다. 하지만 다른 종교와 극명하게 차별되는 고난에 대한 주님의 명쾌한 대답이 있다.

다른 종교는 고난의 문제를 풀고 해석하기 위하여 여러 가지 방법을 제시한다. 그러나 기독교에서는 예수님이 고난당하는 사람들과 친히 함께하신다. 주님께서 그 고난에 친히 동참하신다. 심지어 성도의 고난을 예수님께서 대신 져주시고 "수고하고 무거운 짐 진 자들아 다 내게로 오라 내가 너희를 쉬게 하리라"(마 11:28)라고 말씀하신다.

목회자로서 고난에 대한 심정은 예수님과 같은 마음이다. 성도가 아프면 차라리 내가 아프기를 원하고, 성도의 괴로움을 내 것으로 삼기를 원한다.

전도사로 있을 때 섬기던 교회 담임 목사님이 간암으로 치료 중이셨다. 아직 연세가 많지 않기 때문에 간이식 수술도 가능하다고 했다. 목사님은 가족을 비롯하여 다른 사람에게 부담을 주고 싶지 않아 하셨고 그래서 약물치료를 생각 중이셨다. 나는 주저하지 않고 "목사님 제 간을 이식합시다. 검사해보고 조건이 맞으면 그렇게 합시다"라고 강하게 제안드렸다. 알아보니 간 이식은 조건이 생각보다 까다롭지 않았다. 감염질환이 없고 크기만 크면 가능하다는 것이다. 나는 더 적극적으로 말씀드렸다.

하지만 목사님은 말만 들어도 고맙다고 하시며, 식이요법으로 치료하기로 하셨다. 간 이식을 위해 나의 간을 공여하려고 마음먹었을 때 나는 진심이었다.

나는 타인의 아픔을 해석할 능력이나 지혜는 별로 없다. 하지만 타인의 아픔을 보면 '차라리 내가 아팠으면' 하는 생각이 가장 먼저 든다.

대책 없는 생각과 결단을 의논 없이 하고 행동한 탓에 아내에게 핀잔을 들을 때가 많다. 뒷일을 생각하고 말하라고.

하지만 가장 먼저 드는 생각이 항상 그렇다.

《고난극복 : 변나명용》은 극심한 고난의 긴 터널을 욥과 함께 걸어가면서 《천로역정》과 같은 여정의 걸음으로 진행될 것이다.

욥기는 고난과 축복이라는 두 단어로 끝나지 않는다. 오히려 욥기에서 훨씬 많은 분량을 차지하는 것은 고난과 축복 사이에 놓여 있는 과정이다. 많은 대화가 있었고, 논쟁, 다툼, 갈등, 눈물이 있었다. 그리고 그 끝에 짧게 놓인 두 배의 축복보다 그 과정에서 누리는 은혜가 훨씬 더 클 것이다.

우리 앞에 시시각각 다가오는 여러 모양의 고난을 변나명용으로 다시 바라보면서 고난의 때를 잘 지나가기바란다.

깊은 고난을 함께 손잡고 지나다 보면 생명의 봄이 반드시 온다. 긴 겨울은 짧은 봄을 이길 수 없다. 서로 손잡고 함께 추위를 뚫고 가다 보면 반드시 봄은 온다.

PART 1

고난은
변장하고 오는 하나님의 축복

13 하루는 욥의 자녀들이 그 맏아들의 집에서 음식을 먹으며 포도주를 마실 때에 14 사환이 욥에게 와서 아뢰되 소는 밭을 갈고 나귀는 그 곁에서 풀을 먹는데 15 스바 사람이 갑자기 이르러 그것들을 빼앗고 칼로 종들을 죽였나이다 나만 홀로 피하였으므로 주인께 아뢰러 왔나이다 16 그가 아직 말하는 동안에 또 한 사람이 와서 아뢰되 하나님의 불이 하늘에서 떨어져서 양과 종들을 살라 버렸나이다 나만 홀로 피하였으므로 주인께 아뢰러 왔나이다 … 19 거친 들에서 큰 바람이 와서 집 네 모퉁이를 치매 그 청년들 위에 무너지므로 그들이 죽었나이다 나만 홀로 피하였으므로 주인께 아뢰러 왔나이다 한지라 20 욥이 일어나 겉옷을 찢고 머리털을 밀고 땅에 엎드려 예배하며 21 이르되 내가 모태에서 알몸으로 나왔사온즉 또한 알몸이 그리로 돌아가올지라 주신 이도 여호와시요 거두신 이도 여호와시오니 여호와의 이름이 찬송을 받으실지니이다 하고 22 이 모든 일에 욥이 범죄하지 아니하고 하나님을 향하여 원망하지 아니하니라

고난이란 포장지에 싸인
하나님의 선물

공감에서 시작한다

유난히 그리스도인들은 하나님의 말씀을 붙잡고 말씀대로 살려고 하면 비신자들보다 몇 곱절의 고난을 겪게 된다.

세상의 질서는 대부분의 영역에서 성경의 가르침이 아닌 탐욕을 따른다. 이런 세상에서 성경대로 살고 성경의 가르침을 따르고자 할 때 반드시 경험하게 되는 것이 고통의 문제다. 예외는 없다. 사람마다 다르지만, 어떤 사람은 육체의 고난으로, 어떤 사람은 물질의 문제로, 어떤 사람은 관계 혹은 상실로 인해 슬퍼하고 아파한다. 성경에서 이런 고난의 문제들을 대표적으로 다루는 내용이 욥기다.

손양원 목사님이 애양원교회에서 목회하실 때의 일이다. 한센병을 앓는 사람들에게 다가서면 다가설수록 성도들이 목사님을 밀어내는 것이다. 한센병 환우들은 손양원 목사님이 그 병에 걸리지 않았기 때문에 자신들의 고통을 이해하지 못한다고 여겼다.

그 생각을 읽은 손양원 목사님은 어떻게 하면 그들에게 사랑으로 다가갈까를 놓고 기도하던 중에 주님의 사랑을 깊게 알았다고 한다. 자기 백성의 고난을 직접 이해하고 우리 인간에게 다가오시려고 예수님은 인간의 몸으로 이 땅에 오셔서 모든 일을 한결같이 겪으시고 시험을 당하셨다.

그리스도의 십자가 사건은 인간의 고통을 모르는 신이 하늘에서 인생을 건져내는 방식으로 구원한 것이 아니다. 친히 인간의 몸으로 오셨다. 우리 인간의 모든 연약함에 공감하기 위하여 직접 사람이 되신 것이다. 인간의 몸으로 이 땅에 오신 예수님은 죄 없으신 상태로 인간이 당하는 모든 시험과 고난을 당하셨다.

우리에게 있는 대제사장은 우리의 연약함을 동정하지 못하실 이가 아니요 모든 일에 우리와 똑같이 시험을 받으신 이로되 죄는 없으시니라

히 4:15

그래서 손양원 목사님은 그들의 아픔을 껴안기 위해 자기도 한센병에 걸리게 해달라고 부르짖어 기도했다고 한다. 같은 고통을 겪을 때, 최소한 그와 같이 되려는 마음에서부터 고난의 공유가 가능하다. 그리고 그때야 비로소 고난의 문제를 다룰 수 있을 것이다.

자녀의 고통을 바라보는 부모는 예외 없이 할 수만 있으면 자신이 대신 그 고통을 짊어지려고 한다. 자식이 아파하는 것을 차마 볼 수가 없기 때문이다. 고난의 문제는 성경 해석이나 이론으로 풀 수 없다. 타인의 고난과 고통을 말하고자 할 때는 성육신하신 예수님이 보여주신 공감의 능력에서 출발해야 한다.

암 투병 중인 사람에게 가장 큰 위로와 공감은 같은 환우들이다. 그래서 중병을 앓는 분들은 대부분 환우회를 통해 위로를 많이 받는다. 동병상련이기 때문에 그렇다. 서로의 고통과 고난에 가장 깊이 공감하고 대화가 잘 통하는 곳은 같은 병동, 같은 병실 안이다.

그 고통 안으로 들어가봐야 한다

앞에서도 얘기했듯이, 고난이란 주제는 다루기 쉬운 주제가 아니다. 그래서 C. S. 루이스도 《고통의 문제》를 저술할 때 익명으로 쓰고 싶을 정도라고 말하였다. 내용만으로는 다가설 수 없는 것이 고통과 고난의 문제이기 때문이다.

그럼에도 불구하고 고난에 대해 말해야 할 때, 우리는 이 고난의 크기가 얼마인지, 이 고난을 어떻게 극복할 수 있는지, 왜 이런 고난을 당하고 있는지 해석하거나 설명하려고 하지 말아야 한다. 오히려 '저 고난에 우리도 동참하게 하소서'라고 기도하는 마음에서부터 고난을 말할 수 있을 것이다.

"나도 거기 있게 하소서. 욥의 고난 속으로 내가 들어갑니다. 공감하고 같이 아파하며 같이 슬퍼하고 함께 그 고난의 잔을 마시게 하옵소서."

'나는 고난당하지 않아서 천만다행입니다'가 아니라 '내가 거기 있어야 했는데'라는 공감의 마음을 가지고 그 곁에 있는 마음이야 말로 고통의 문제를 해석하는 지혜가 될 것이다.

고난이 변장하고 오는 축복이 되려면 우리 모두 고난의 현장으로 들어가봐야 한다. 타인의 고난을 복이라고 말하기 이전에 내가 당했던 고난이 복이 된 경험을 떠올려봐야 한다. 그리고 그 고통스러운 순간들을 지나 지금 믿음으로 훨씬 복이 되었음을 잊지 말아야 한다.

고난이 시작된 그날

욥이 당한 고난의 시작을 욥기는 이렇게 묘사한다.

하루는 욥의 자녀들이 그 맏아들의 집에서 음식을 먹으며 포도주를 마실 때에 욥 1:13

그 거대한 고난이 "하루는"으로 시작한다. 고난은 어느 날 느닷없이, 예고도 없이 찾아온다. 징조도 없다. 공부 안 한 학생에게 형편없는 성적표는 고난이 아니라 예견된 결과다. 그러나 고난은 예고가 없다. 우리의 선택이나 노력과도 관계가 없다.

욥은 욥기 1장 1-5절에 소개된 대로, 완전하고 흠잡을 데 없는, 당대에 나무랄 곳 없는 사람이었다. 그는 온전하고 정직하며 하나님을 경외하고 악에서 떠난 사람이었다. 오죽하면 하나님이 그를 자랑하셨겠는가? 그런데 이 하나님의 자랑이 그에게 몰아닥칠 고난몰이의 시작이 되었다.

욥기를 읽는 우리는 왜 이런 일이 일어났는지, 욥의 고난의 이유를 안다. 욥기는 독자가 제삼자의 시점 혹은 전능자의 시점에서 읽도록 기록했다. 하나님이 하시는 일뿐만 아니라 욥의 세 친구의 마음의 동기까지도 알 수 있도록 말이다. 그래서 읽는 사람은 모든 흐름을 꿰뚫어 알고 있지만, 욥 자신만 자신에게 왜 이런 일이 닥쳤는지 이 일의 배경과 내용을 모른다.

욥의 고난은 하나님이 욥을 두고 천상에서 사탄과 나눈 대화에서 시작되었다(욥 1:6-14).

'하나님이 욥을 자랑하지만 않으셨어도 욥이 이렇게까지 고난을 당할 이유가 없었을 텐데.'

욥기를 읽다 보면 문득 이런 생각이 든다. 결국 욥의 고난은 욥에 대한 하나님의 자랑과 사탄의 시기로 인해 시작된 것이다. 그것이 배경이 되어 하루아침에 욥에게 몰아닥친 고난은 말로 다 표현할 수 없을 정도였다(욥 1:13-19). 물질은 물론 소중한 자녀들의 생명까지 모든 것이 쓰나미처럼 한꺼번에 쓸려가 버렸다.

이 고난은 이유 없는 고난인가? 아니다. 욥은 이유를 알지 못했지만, 욥기의 기자는 우리에게 그 배경을 분명하게 설명하고 있다. 만약 이런 배경을 알려주는 욥기 1장이 없었으면, 우리도 욥의 알 수 없는 고난을 그의 세 친구처럼 해석했을 것이다.

다만, 우리는 욥의 고난의 배경과 그 결과를 알기 때문에 욥의 세 친구와 같은 반응을 하지 않는다고 생각하며, 그들과 같은 부류에 넣지 않는다. 아무튼, 욥은 알 수 없었지만, 욥기 기자나 독자인 우리는 알고 있는 이 고난은 결코 이유가 없는 고난은 아니었다.

그러나 욥의 입장에서는 이해할 수도, 이유를 알 수도 없는, 해석이 안 되는 고난이었다. 우리 인생에 어느 날 갑자기 해석이 안 되는 이유 없는 고난이 찾아온다면, 어떻게 이해하는 것이 좋을까?

욥은 자신에게 닥친 고난을 이해할 수는 없었지만, 그 고난이 복이 되었다는 가장 본질적인 깨달음을 고백한다. 첫째로 그는 고난을 통해 실존적 자아를 발견하게 되었으며, 둘째로 전능하신 하나님께 집중하게 되었다.

알몸뿐인 인생임을 깨닫다

욥이 일어나 겉옷을 찢고 머리털을 밀고 땅에 엎드려 예배하며 이르되 내가 모태에서 알몸으로 나왔사온즉 또한 알몸이 그리로 돌아가올지라 욥 1:20,21

하루아침에 느닷없이 몰아닥친 고난의 현실 앞에서 욥은 겉옷을 찢었다.

욥의 자녀들은 맏아들의 집에 모여 평화롭게 음식을 먹고 있었다. 그의 소들은 밭을 갈고, 나귀는 그 곁에서 풀을 먹고 있었다.

그런데 갑자기 스바 사람이 동물들을 빼앗고 칼로 종들을 죽였다. 겨우 살아남은 종이 달려와 그 소식을 전하는데, 그 말이 끝나기도 전에 또 다른 사람이 와서 하늘에서 불이 떨어져 양과 종들을 불태워버렸다고 했다. 아직 말하는 동안에 또 한 사람이 달려와 갈대아 사람 강도들이 낙타에게 달려들어 낙타를 빼앗고 칼로 종들을 죽였다고 전했다. 이 사람의 말도 끝나기 전에 거친 들에서 큰 바람이 장남의 집 네 모퉁이를 쳐서 자녀들이 모두 죽었다는 소식이 전해졌다.

청천벽력 같은 소리가 몰아치듯이 들려왔다. 이 상황에서 욥의 반응은 어땠는가? 그는 겉옷을 찢었다. 몸을 두르고 있는 것이 의미가 없었다. 머리털을 밀고 땅에 엎드려 예배하였다. 어떤 예배였나?

'샤하'라고 하는 말은 웅크려 땅에 엎어짐을 의미한다. 최고의 하나님 앞에 최저의 낮은 자세로 자신을 엎드리는 행위다. 욥이 자신의 존재를 자각하는 순간이기도 하다. 알몸으로 와서 땅의 흙으로 지음받은 인생이 땅에 엎드려져 하나님 앞에서 자신을 낮추는 이런 행위를 성경은 '예배'라고 번역했다.

인간의 본질에 가장 가까워지는 삶의 자세가 하나님께 가장 가까이 나아가는 예배다.

우리 인생이라고 하는 것은 참으로 보잘것없다. 흙으로 만들어진 존재다. 하나님은 들짐승과 공중의 새도 흙으로 만드셨다.

여호와 하나님이 흙으로 각종 들짐승과 공중의 각종 새를 지으시고 아담이 무엇이라고 부르나 보시려고 그것들을 그에게로 이끌어 가시니 아담이 각 생물을 부르는 것이 곧 그 이름이 되었더라 창 2:19

인간도 다른 짐승들처럼 흙으로 만들어졌다. 하나님이 코에 생기를 불어넣기 전에는 생명도 아닌 존재였다.

여호와 하나님이 땅의 흙으로 사람을 지으시고 생기를 그 코에 불어넣으시니 사람이 생령이 되니라 창 2:7

사람은 하나님의 호흡으로 말미암아 비로소 생령이 된 존재다. 하나님의 허락이 없으면 한 번의 호흡도 불가능한 것이 인생이다. 그런데도 하나님을 향한 불순종 이후로 인류는 마치 자신이 스스로 존재하는 것처럼, 하나님 노릇을 하며 자기 능력과 실력을 과시하면서 살아가고 있다.

하나님을 떠나 스스로 신이 되려고 한 인생에게 고난은 존재의 본질을 깨닫게 하는 은혜이며 축복이다.

인간은 결코 스스로 존재할 수 없으며, 심지어 다른 피조물보다 보잘것없는 존재이고, 그것을 알려주는 것이 고난이다. 하나님의 생기가 없으면 인간은 그 자체로 흙 같은 존재가 된다.

사람은 하나님을 떠나서 스스로 존재할 수 없다. 고난은 이 사실을 깨닫게 해준다.

'난 혼자 존재할 수 없는 존재구나. 별거 아니구나. 보잘것없는 존재구나.'

그래서 하나님 앞에 엎드릴 때가 비로소 내게 닥친 고난이 복이 되는 순간이다.

하나님 앞에 낮아질 때 하나님을 만난다

인생은 하나님 앞에 부복할 때 참 복을 누리게 된다. 미국 속담에 하나님 없이 잘되는 것이 가장 무서운 저주라고 한다. 같은 맥락에서 성령 없이 교회 부흥하는 것이 목회자를 향한 저주라고 한다. 우리의 삶은 결국 하나님 앞에 엎드려야 하는 것이다. 고난은 우리의 겉옷, 화려함과 겉치레를 다 걷어버리고 하나님 앞에 납작 엎드리게 한다.

고등학교 시절 나는 절박하고 간절했다. 매일 나의 기도는 식사 기도조차도 "하나님 저 좀 도와주세요. 하나님 도와주세요"였다. 다른 기도를 할 수 없었다. 매일 저녁이 되면 잘 곳을 찾아 친구들의 집을 전전해야 했고, 교회와 교실이 거처가 되었던 나에게 어떤 기도가 가장 절실하고 은혜가 됐겠는가? '하나님, 도와주세요'라고 절박하게 기도할 수밖에 없는 상황이 가장 하나님을 필요로 하는 상황 아니겠는가.

돌이켜보면 그때가 가장 경건했던 것 같다. 꿈과 비전을 위하여 기도할 여력도 없었다. 선교, 전도, 봉사를 위해 기도할 수도 없었다. 그러나 그런 고난의 시절 엎드렸던 가장 초라한 기도의 내용만큼 경건한 기도는 없었다.

고난은 우리를 가장 가난하게 하고 겸손하게 하며, 그래서 가장 경건하게 한다.

욥은 느닷없는 고난 가운데 자신의 실존적인 현재를 발견하고 난 후 고개를 들어 시선을 하나님께 두었다.

하나님을 예배하는 순간이 되다

이르되 내가 모태에서 알몸으로 나왔사온즉 또한 알몸이 그리로 돌아
가올지라 주신 이도 여호와시요 거두신 이도 여호와시오니 여호와의
이름이 찬송을 받으실지니이다 하고 이 모든 일에 욥이 범죄하지 아니
하고 하나님을 향하여 원망하지 아니하니라 욥 1:21,22

모든 것이 깜깜할 때 비치는 한 줄기 빛은 깜깜하여 보이지 않
는 것을 잊게 하고 오직 작은 그 빛에 집중할 수 있게 해준다. 고
난은 내가 잃어버린 것에 집중하기보다 깜깜한 중에 내게 남은 것
이 무엇인지 보여주는 축복의 순간이다.

비행기가 밤에 착륙할 때 깜깜한 땅과 하늘을 바라보면서 어디
가 길인지 찾지 않는다. 공항에서 보여주는 활주로, 유일하게 환
한 곳 그곳에 집중한다. 비행기의 기장이 '어? 낮에는 환하게 잘 보
였는데 그 길들이 다 어디 있지? 안 보이네'라며 낮에 보았던 길을
찾으려고 한다면 추락하고 말 것이다. 깜깜한 밤에는 오직 봐야
할 곳, 활주로만 보면 된다. 고난 중에는 잃어버린 것을 보는 게
아니라 유일하게 보이는 것만 찾을 수 있는 축복의 순간이 온다.

고난당한다 생각할 때 보이지 않는 깜깜함에 희망을 걸지 말
고, 막연한 회복에 희망을 걸지 말고, 유일하게 보이는 하나님을
찾아야 한다. 도박하는 사람들이 도박에서 헤어나오지 못하는 이

유는 잃어버린 것에 집중하기 때문이다. 모든 것을 잃어버려도 없어지지 않는, 여전히 애타게 기다리는 가족이 있다는 것을 보지 않기 때문에 결국 어둠에서 모든 것을 다 잃게 된다.

고난은 그동안 보지 말아야 할 것들을 어둡게 하고 보아야 할 하나님을 선명하게 보이는 활주로의 서치라이트와 같다. 그러니 고난당한다 생각할 때 지금 내게 보이는 것이 무엇인가? 남은 것이 무엇인가? 나를 떠나지 않고 내 곁에 있는 분이 누구인가? 그분을 바라보고, 그분을 찾고, 그분 앞으로 나아가야 한다.

고난 위에 운행하시는 하나님

영천의 어느 교회에 세미나를 갔는데, 질의응답 시간에 초등학생 아이가 손을 번쩍 들더니 질문을 했다.

"목사님은 초등학생 때, 저와 나이가 같을 때 어머니가 돌아가셨는데, 어떻게 엄마 없이 그 시간을 견딜 수 있었어요? 그때 원망은 없었어요?"

당혹스러운 질문에 잠시 그 시절을 떠올려보았다. 내가 저 아이의 나이에 부모님의 돌봄을 받지 못했다는 사실에 나도 잠시 놀랐다. 엄마 손을 꼭 잡고 눈망울에 눈물이 그렁그렁한 아이에게 나는 이렇게 대답해주었다.

"그때는 사실 엄마 아빠를 그리워할 겨를도 없었단다. 만약 엄

마 아빠를 그리워했다면 목사님은 하나님을 못 만났을 거야. 그
런데 그때 나를 참으로 소중하게 여기시는 하나님을 만났단다.
엄마 아빠가 없다는 것을 못 느낄 정도로 하나님께서 목사님을
많이 사랑해주셨단다. 그래서 그 시간을 잘 극복한 것 같아."

이렇게 대답을 하고 세미나를 마치고 돌아오는 길에 차 안에서
그동안 미처 생각도 못 했던 어머니를 향한 그리움에 눈물이 흘러
내렸다.

아이에게 답한 것처럼, 그 시절 내가 부모의 빈자리를 결핍으로
여기고 그것에 대한 그리움에 사로잡혔다면, 나는 하나님을 만날
수 없었을 것이다. 결핍과 공허함은 다른 무언가로 그 자리를 채
우고자 하는 욕구를 불러온다.

대구 중구에 있는 향촌동, 그곳은 혼돈과 어둠뿐인 내 유년 시
절의 전부였다. 그곳에서 지병을 앓던 어머니는 오랜 기간을 진통
제에 의지하다가 내가 열두 살 때 돌아가셨다. 어머니가 돌아가신
지 한 달 만에 아버지는 농사를 짓겠다고 대구에서 전라도로 가셨
다. 그리고 그로부터 이십 년이라는 긴 세월이 지나도록 우리 삼
남매를 외면하셨다.

나는 누님, 형님과 함께 향촌동에서 외삼촌 집에 맡겨져 살았
다. 그도 잠깐, 형님은 서울로 대학 진학을 했고, 누님도 서울로
취업하면서 내 곁을 떠났다. 청소년 시절, 향촌동에서 살아야 했

던 그 결핍의 순간에 나는 내가 참 보잘것없는 존재란 사실에 몸부림쳤다. 하지만 그 결핍의 순간은 하나님을 만나기 위해 준비된 고난이었다.

52번 출석하면 필통을 준다던 친구의 초대에 꾀여 교회에 나가기 시작했다. 일 년간 교회에 출석하던 어느 날, 교회 선생님이 읽어주시던 성경 말씀을 통해 하나님은 내 마음의 문을 두드리셨다.

공중의 새를 보라 심지도 않고 거두지도 않고 창고에 모아들이지도 아니하되 너희 하늘 아버지께서 기르시나니 너희는 이것들보다 귀하지 아니하냐 마 6:26

공중의 새보다 나를 더 귀하게 여기시는 하나님을 만났다.

내가 만약 유복하고 넉넉한 집에 살았더라면 내게는 하나님을 만날 기회조차도 없었을 것이다. 나에게 가난과 고난은 하나님을 만나는 기회가 되었으며, 그게 나에게 복이 되었다.

가난과 고난이 가장 깊은 순간, 아무것도 보이지 않을 때, 앞이 깜깜할 때 유일하게 빛으로 다가오시는 분은 하나님이시다.

땅이 혼돈하고 공허하며 흑암이 깊음 위에 있고 하나님의 영은 수면 위에 운행하시니라 창 1:2

고난은 그 위에 운행하시는 하나님을 만나는 가장 복된 순간이다.

고난, 누구도 예외일 수 없다. 고난의 현실 앞에 벌거벗은 것 같은 우리 자신을 두고 '나는 아무것도 아닙니다. 나는 참 형편없는 사람, 하나님의 호흡이 없이는 살 수 없는 사람입니다'라고 고백할 수 있는 인간 실존의 시간이 축복이다.

너무 고통스러워서 칠흑 같은 어둠이 인생에 드리울 때 그 위를 운행하시는 분은 다름 아닌 하나님이시다. 고난은 하나님을 만나는 절호의 기회를 주기 때문에, 고난은 변장하고 오는 축복이다.

하박국 3장 17-19절

17 비록 무화과나무가 무성하지 못하며
    포도나무에 열매가 없으며
    감람나무에 소출이 없으며
    밭에 먹을 것이 없으며
    우리에 양이 없으며 외양간에 소가 없을지라도

18 나는 여호와로 말미암아 즐거워하며
    나의 구원의 하나님으로 말미암아 기뻐하리로다

19 주 여호와는 나의 힘이시라
    나의 발을 사슴과 같게 하사
    나를 나의 높은 곳으로 다니게 하시리로다
    이 노래는 지휘하는 사람을 위하여
    내 수금에 맞춘 것이니라

말씀을 암송할 때 말씀이신 하나님을 내 안에 모셔들이는 것입니다. 말씀을 암송할 때
하나님께만 집중할 수 있습니다. 고난이 변.나.명.용이 되는 은혜를 누려보세요.

고난극복 : **변.나.명.용.**

1 / 고난은 알몸뿐인 우리 인생을 보게 한다.

욥은 갑작스럽게 몰아닥친 고난 속에서 겉옷을 찢고 머리를 밀고 엎드려 하나님을 예배했다. 그는 모든 것을 잃고 자신이 아무것도 아닌 존재임을 깨달았다. 그리하여 하나님 앞에 엎드리는 순간, 그때가 고난이 복이 되는 순간이다.

2 / 고난은 하나님께 나아가게 한다.

욥은 모든 것을 잃고도 하나님을 원망하지 않고, 하나님을 찬양한다. 고난은 우리에게 잃어버린 것에 집중하는 대신, 남은 것과 여전히 함께하시는 하나님을 바라보게 한다. 하나님을 발견하고 하나님을 만나는 기회를 준다. 그렇기에 고난은 변장하고 찾아온 축복이 된다.

¹ 또 하루는 하나님의 아들들이 와서 여호와 앞에 서고 사탄도 그들 가운데에 와서 여호와 앞에 서니 … ³ 여호와께서 사탄에게 이르시되 네가 내 종 욥을 주의하여 보았느냐 그와 같이 온전하고 정직하여 하나님을 경외하며 악에서 떠난 자가 세상에 없느니라 네가 나를 충동하여 까닭 없이 그를 치게 하였어도 그가 여전히 자기의 온전함을 굳게 지켰느니라 … ⁵ 이제 주의 손을 펴서 그의 뼈와 살을 치소서 그리하시면 틀림없이 주를 향하여 욕하지 않겠나이까 ⁶ 여호와께서 사탄에게 이르시되 내가 그를 네 손에 맡기노라 다만 그의 생명은 해하지 말지니라 … ¹¹ 그때에 욥의 친구 세 사람이 이 모든 재앙이 그에게 내렸다 함을 듣고 각각 자기 지역에서부터 이르렀으니 곧 데만 사람 엘리바스와 수아 사람 빌닷과 나아마 사람 소발이라 그들이 욥을 위문하고 위로하려 하여 서로 약속하고 오더니 ¹² 눈을 들어 멀리 보매 그가 욥인 줄 알기 어렵게 되었으므로 그들이 일제히 소리 질러 울며 각각 자기의 겉옷을 찢고 하늘을 향하여 티끌을 날려 자기 머리에 뿌리고 ¹³ 밤낮 칠 일 동안 그와 함께 땅에 앉았으나 욥의 고통이 심함을 보므로 그에게 한마디도 말하는 자가 없었더라

하나님이 믿어주신다는
축복의 증거

고난, 하나님 앞에서 해석하라

고통의 문제를 다루기 가장 어려운 종교가 사실, 기독교다. C. S. 루이스는 고통 자체를 문제 삼는 종교가 기독교라고 말했다. 무신론자들은 신이 없으니, 인간이 고난을 당한대도 신에게 따져 묻거나 빌 필요가 없다. 그냥 '숙명이다'라고 생각하고 받아들일 수밖에 없다. 소위 복불복인 셈이다.

그래서 환경과 주어진 삶에 분노하고 자신에게 고통을 준 대상에게 복수하며 증오하는 방식을 택한다. 고통의 문제를 없애려고 고통의 문제를 향한 최선의 공격을 한다. 예를 들어 가난하면, 신의 뜻이 있거나 신에게 기도하는 방법이 아니라, 나의 가난의 문제는 누군가가 부유하기 때문이므로 부자의 것을 강탈하거나 훔쳐서라도 가난의 문제를 적극적으로 해결하면 된다. 다소 극단적인 해결책을 들었으나, 이것이 무신론자들이 고통에 대해 취하는 태도 중 하나다. 그들에게 고통은 적극적으로 해결할 인생의 문제이지 신이 개입할 문제가 아니다. 그러니 신이 개입할 여지를 두지 않는다.

다양한 신의 존재를 믿거나 받아들이는 다신교나 이원론적 신관을 가진 사람들에게 고통의 문제는, 악한 신을 하나 만들면 해결된다. 악한 신이 고통을 야기했으니, 그 책임은 그 악한 신에게 있다고 떠넘기면 마음의 위안은 된다. 악한 신을 쫓아내는 구마(驅魔), 축사(逐邪), 액땜 등을 통해 고통의 문제를 전이시키고, 착하고 선한 신에게 매달려 종교적 열심을 내면 된다.

욥기를 자칫 하나님과 사탄의 대립 구도로 읽게 된다면, 우리는 유일신 하나님을 믿는 기독교가 아니라 하나님과 사탄의 존재를 이원론적으로 받아들이고 사탄이 두려워서 하나님을 믿게 되는 다신론 종교관으로 빠져버리는 우를 범할 수 있다.

예수님도 축사를 하시고 귀신을 내쫓으셨으니, 교회도 사탄을 쫓아내는 일에 전력을 다한다. 그런데 우리가 귀신을 쫓아내려고 기도하는 동안 어느덧 나도 모르게 하나님과 사탄을 서로 동등한 관계, 대립적인 두 신으로 인식해 버릴 위험이 많다.

기독교는 유일신 하나님을 믿는다. 하나님 외에 다른 신을 섬기지 않고 두려워하지도 않는, "우리 하나님 여호와는 오직 유일한 여호와"(신 6:4)이심을 고백하는 종교다. 사탄은 신앙의 대상이 아니며 더군다나 하나님에 버금가는 신도 아니다.

하나님의 형상과 모양으로 지음받은 존재는 사람이다. 사람은 하나님과 가장 가까운 존재로 지음받았다. 그러므로 사람이야말로 하나님께 가장 위협적인 존재일 수 있다. 왜냐하면, 하나님은 자신의 모양과 형상을 따라 사람을 만드시고, 그 사람에게 세상 모든 것을 다스릴 권세를 주셨는데, 사람이 그 권세를 선악과 하나에 넘어가 사탄에게 줘버린 것이다. 에서가 야곱에게 팥죽 한 그릇에 장자권을 팔아넘긴 것처럼 말이다.

욥기에 등장하는 사탄은 무슨 권세가 있어서 하나님과 대화하는 신적인 존재가 아니다. 다만, 우리 인생이 탐욕에 무너져서 하나님을 거역한 그 약점을 거머쥐고 있는 것이다. 욥기 1,2장에 등장하는 사탄은 하나님께 인간을 고소하는 존재로서, 인간의 약점을 붙잡고 하나님과 대화한다. 선악과를 따먹은 순간부터 범죄한 인간을 끊임없이 자극해서 그 약점을 들춰내고 고소하는 존재가 사탄이다. 그래서 사탄은 참소하는 존재, 거짓의 영, 미혹의 영으로 표현된다.

그러므로 우리는 욥기를 볼 때, 사탄을 하나님과 대립되는 신적인 존재로 이해하면 안 된다. 그렇게 되면 욥이 당한 모든 고난은 사탄의 계략이며, 사탄이 악하기 때문에 사탄에게 고난을 받은 게 된다. 그렇다면 사탄을 쫓아내면 모든 고난에서 해방된다는 결론에 이르게 된다.

그러나 사탄 역시 하나님의 피조물로서 하나님의 허락이 없으면 아무것도 할 수 없는 타락한 천사일 뿐이다. 하나님이 인간에게 주신 세상 다스릴 권세를 속여서 빼앗은 하이에나 같은 존재가 사탄이다.

그러니 우리 믿는 성도들은 사탄을 신적인 권세가 있는 존재로 오해하여 두려워해서는 안 된다. 신약성경에 등장하는 귀신을 보면 항상 '더러운'이라는 수식어가 따른다(마 10:1 ; 12:43 ; 막 1:21,23,26 등 참조). 사탄은 그런 존재다.

기독교는 유일신 하나님을 믿는다. 그러므로 고통의 문제를 해석할 때에도 유일하신 하나님 앞에서만 해석해야 한다. 이것이 고난에 대한 해석을 어렵게 만드는 이유기도 하다.

천지를 창조하신 하나님은 전능하신 하나님이시다. 하나님은 선하시고 인자하시며 자비가 풍성하시다. 그런 하나님께서는 우리가 고통당하는 것을 외면하실 수 없다. 하물며 인생에 고통을 주시는 하나님이라니, 그런 하나님은 상상조차 할 수 없다. 설령 인간의 잘못으로 고난당한다 하더라도 하나님은 우리를 그 깊은 수렁에서 적극적으로 건져내주는 분이셔야 한다.

고난이 찾아올 때면, 도대체 내가 뭘 잘못했다고 이런 고통의 수렁에 나를 몰아넣는 것인지 도무지 이해되지 않는다. 다른 종교에서처럼 악한 영의 짓이라고 하거나 전생의 업보라고 여기고 받아들여서 될 일이 아니다. 우리는 원인 모를 고통의 문제를 가지고 원인을 찾기 위해 씨름하다가 더 고통에 빠지게 된다.

비상착륙

막 이륙한 비행기의 엔진에 문제가 발생하면 바로 회항하여 이륙한 공항이나 가까운 공항으로 비상착륙을 해야 한다. 그런데 막 이륙한 비행기는 그냥 착륙할 수가 없다. 비행을 위해 채운 엄청난 양의 연료가 양 날개에 가득한데, 비상착륙 하는 과정에서 그 무게로 사고가 나거나 폭발이나 화재가 일어날 수 있기 때문이다. 그래서 막 이륙한 비행기는 활공 상태로 최대한 시간을 끌면서 연료를 버리는 작업을 우선적으로 해야 한다. 연료를 다 버리고 기체를 가볍게 한 후에 최대한 안전하게 착륙할 수 있는 상태로 만들어야 한다.

그리고 탑승한 승객들은 안전벨트를 단단히 매고 쿠션 같은 것을 안은 채 자세를 최대한 엎드려 낮춰야 한다. 숨 막히는 위기감 속에서 모든 준비를 마치고 착륙을 하기 위해 비상활주로로 내려가기 시작하면 '무사히 착륙할 수 있을까' 하는 불안감 사이로 '이제 드디어 살았다' 하는 안도감이 밀려오기 시작한다. 특히 어두운 밤에 비상착륙을 해야 하는 상황이라면 비상활주로를 비추는 빛이 구세주처럼 느껴질 것이다.

욥은 고난을 당했을 때 즉각적으로 자세를 낮추고 겸손한 모습으로 하나님께 예배를 드린다. 욥은 자신의 인생 날개에 가득 채웠던 모든 연료를 버리고 옷을 찢고 머리털을 밀고 하나님이라는 비상활주로로 달려와 엎어졌다.

하루아침에 예고 없이 온갖 고난이 몰려왔을 때 욥은 겉옷을 찢고 머리털을 밀고 땅에 납작 엎드려 가장 높으신 하나님께 인간 존재의 가장 밑바닥 본질을 드러내며 겸손해졌다. 그리고 깜깜한 고통 중에 하나님께 전력을 다해 달려가 그 앞에 엎드렸다. 욥의 고난이 그에게 가장 축복으로 다가갔던 순간이 바로 이 장면이었을 것이다.

> 욥이 일어나 겉옷을 찢고 머리털을 밀고 땅에 엎드려 예배하며 이르되 내가 모태에서 알몸으로 나왔사온즉 또한 알몸이 그리로 돌아가올지라 주신 이도 여호와시요 거두신 이도 여호와시오니 여호와의 이름이 찬송을 받으실지니이다 하고 욥 1:20,21

한순간에 모든 것을 잃어버리고 극한 고난에 빠진 욥은 겉옷을 벗고 털을 밀고 스스로를 낮추어 천지의 창조주이신 하나님께 비상착륙을 하고 있다.

이것을 가장 잘 표현하는 한 단어가 '기도'다. 기도는 인간의 가장 근원적 본질의 낮음, 자신의 흙 됨과 하나님의 궁극성, 모든 것이 하나님으로부터 왔음을 고백하는 것이다. 기도는 자신을 가장 낮추고 하나님을 가장 높이는 것이며, 모든 것의 시작과 끝이 하나님이심을 철저하게 고백하는 것이다. 그래서 기도에는 감사가 있고, 찬양이 있으며, 간구도 있고, 회개도 있는 것이다.

더 많이 기도하는 축복

중고등학교 시절 학교에서 보내는 점심시간은 하루 중 내가 허기를 채울 수 있는 가장 중요한 시간이었다. 젓가락을 들고 교실을 한 바퀴 돌면 친구들이 도시락을 조금씩 나눠주었다. 배가 불룩 나오도록 교실을 배회하며 먹은 점심이 나의 하루치 양식이었다.

고등학교 시절 그런 나의 별명은 '국제 빈대'였다. 그럼에도 불구하고 그 한 끼 점심을 먹기 전 식사 기도를 하는 순간, 나는 감사하고 감사했다. 고난이 깊을수록 기도도 깊어졌다. 기도의 내용이 화려하지는 않았지만 간절했고, 진실했다.

일반적으로 평안할 때보다 고난 가운데서 더 많이 기도한다. 위기라고 느낄 때 기도가 더 간절하다. 기도가 하나님과의 대화이며 하나님과 나누는 교제라고 하지만, 평상시 우리의 기도에는 의도와 목적이 많이 포함되어 있다. 하나님과의 단순 교제를 위해서만 기도하는 것은 아니다.

물론 기독교에서 말하는 기도는 다른 종교가 그러하듯 소원 성취나 기도 응답이 그 목적은 아니다. 그리스도인은 기도를 통해 인간이 얼마나 보잘것없는 존재이며 하나님께서 얼마나 크고 위대한 창조주이신지를 고백한다. 그렇기 때문에 기도가 곧 예배다. 욥이 하나님을 예배했다는 표현은 그가 엎드려 기도했다는 의미다(욥 1:20).

더 나아가 기도는 자신의 필요만을 위해 구하지 않고 사랑하는 가족과 이웃을 위한 중보로서 하나님의 사랑과 자비를 요청하는 그리스도의 십자가 정신을 포함하고 있다. 성도는 하나님께 기도할 때 중보기도자로 존재한다. 우리의 대제사장이며 중보자이신 예수 그리스도의 마음을 배우게 된다.

욥은 고난을 통해 기도하는 법을 배웠다. 고난이 변장하고 오는 축복인 이유는, 우리에게 기도를 가르쳐주기 때문이다. 성경이 욥기를 통해 오늘 우리에게 가르치는 메시지는, 고난은 우리의 무릎을 하나님 앞에 꿇게 한다는 것이다. 그동안 물질과 세상 권력 앞에, 자기 자존심 앞에 꿇었던 무릎을 하나님께 꿇게 하는 은혜가 고난의 이면에 숨어 있다.

기도의 사도로 알려진 야고보의 별명은 '낙타 무릎'이었다. 얼마나 많이 무릎을 꿇었으면 그 무릎이 낙타 무릎처럼 뼈가 튀어나오고 굳은살이 박여서 붙은 별명이다. 야고보는 꾸준하게 기도를 고난과 연결하고 있다.

너희 중에 고난당하는 자가 있느냐 그는 기도할 것이요 즐거워하는 자가 있느냐 그는 찬송할지니라 너희 중에 병든 자가 있느냐 그는 교회의 장로들을 청할 것이요 그들은 주의 이름으로 기름을 바르며 그를 위하여 기도할지니라 믿음의 기도는 병든 자를 구원하리니 주께서 그를 일으키시리라 혹시 죄를 범하였을지라도 사하심을 받으리라 그러므로 너희 죄를 서로 고백하며 병이 낫기를 위하여 서로 기도하라 의인의 간구는 역사하는 힘이 큼이니라 엘리야는 우리와 성정이 같은 사람이로되 그가 비가 오지 않기를 간절히 기도한즉 삼 년 육 개월 동안 땅에 비가 오지 아니하고 다시 기도하니 하늘이 비를 주고 땅이 열매를 맺었느니라 약 5:13-18

고난은 우리의 기도를 강력하게 만드는 축복의 선물이라고 말할 수 있다. 그렇기에 하나님께서는 때로 고난을 통해 우리를 기도의 자리로 이끄신다. 고난이 우리를 기도로 이끈다.

하나님이 믿으시기에 고난이 온다

여호와께서 사탄에게 이르시되 네가 내 종 욥을 주의하여 보았느냐 그와 같이 온전하고 정직하여 하나님을 경외하며 악에서 떠난 자가 세상에 없느니라 네가 나를 충동하여 까닭 없이 그를 치게 하였어도 그가

여전히 자기의 온전함을 굳게 지켰느니라 욥 2:3

하나님께서 왜 이런 질문을 하셨는지 이해가 되지 않는다. 한 번으로 끝날 고난이 하나님의 자랑 때문에 그 고통이 더 가중된 것 같다.

욥기 1장에서 우리는 이미 욥을 향한 하나님의 자랑이 고난의 문을 여는 사탄의 테스트를 촉발시켰음을 보았다. 1장에서 욥이 이미 당한 고난도 이루 말할 수 없다. 여기서 멈춘대도 욥은 회복이 거의 불가능할 정도로 큰 타격을 입었는데, 하나님은 이 고난을 뚫고 하나님 앞에 엎드린 욥을 사탄에게 한 번 더 자랑한다. 고난당하는 사람이 그 고난을 뚫고 나올 때, 그는 하나님의 자랑거리가 된다.

하나님은 욥을 향해 무한한 신뢰를 표현하고 계셨다. 전지하신 하나님께서 욥을 모르셨겠는가? 이미 아시는데, 왜 시험을 허락하셨는가? 그것은 욥을 믿기 때문이다.

사실 사람은 믿을만한 존재는 아니다. 사탄은 끊임없이 우리 내면의 악함을 격발시키고 악을 조장하며, 사람은 그 충동에 이리저리 흔들리곤 한다. 그러나 하나님은 그런 사람을 향해 끊임없는 신뢰를 보여주며 격려하고 계신다.

하나님은 욥이 신앙을 저버리지 않을 줄 믿고 신뢰하고 지지하고 계신다. 욥은 그 순간 선택의 기로에 있다. 하나님을 저주할 수도 있고, 하나님을 여전히 믿을 수도 있다. 운명론으로 정해진 게 아니다. 철저하게 욥의 선택에 달려 있다. 신뢰가 배신으로 돌아올 수도 있었지만, 하나님은 욥을 신뢰하기로 작정하셨다.

창세기 3장의 선악과 상황으로 가보자. 동산 중앙에, 한복판에 보암직하고 먹음직한 것을 두고 먹지 말라고 하신 이유는 무엇인가? 하나님은 아담이 그것을 따 먹을 줄 아셨을까? 그러면 선악과를 만들지 말아야 했을 것이다. 아니면 최소한 저기 구석에 숨겨둬야 했을 것이다.

만약 하나님께서 아담이 그렇게 될 줄 모르셨다면, 하나님은 아담의 미래를 모르는 것이니 하나님이 전지한 분이 아니신 것이 된다.

하나님이 인간을 만드실 때 하나님 자신도 손대지 않도록 만들어놓으신 영역이 인간의 자유의지다. 스스로 선택하도록 말이다. 하나님은 인간의 자유로운 선택을 최상급 권한으로 부여하셨다. 그렇게 하시고선 인간을 무한 신뢰하신 것이다. 그 신뢰를 처참하게 짓밟은 사건이 선악과 사건이다.

그럼에도 하나님께서는 태초부터 자기의 형상과 모양으로 만든 인간을 향한 신뢰와 사랑을 포기하신 적이 없다. 그러므로 자기 백성이 고난당할 때에도 그가 신앙을 굳게 붙잡을 줄 신뢰하고 계신다. 우리가 고난당하는 여러 이유 중 하나는, 하나님께서 인간을 신뢰하기 때문이다. 우리가 고난 가운데서도 신앙을 버리지 않을 것이란 믿음을 하나님은 갖고 계신다. 하나님의 사랑이다.

그 믿음의 여정을 함께 걸어가는 길이 고통스러울 따름이지만, 그 여정을 마치고 난 후에는 우리를 자랑스러워하시는 하나님과 천사들의 환영을 받을 것이다.

42.195킬로미터를 달려야 하는 마라톤이 끝나는 결승지점에 가보면, 선수들이 비틀거리며 사력을 다해 마지막 길을 달려오고 있다. 올림픽의 꽃이라고 하는 마라톤의 마지막 순간을 지켜보는 사람들의 마음을 떠올려본다면, 우리를 지켜보고 계신 하나님의 마음도 짐작할 수 있지 않을까.

우리의 고난의 길 끝에서 박수로 응원하면서 끝까지 이 길을 달리도록 격려하시는 분이 하나님이시다. 하나님께서 자기 백성을 신뢰하는 한, 고난은 축복이다.

하나님의 신뢰를 확인하는 시간

아브라함의 경우를 살펴보자. 하나님께서는 아브라함에게 청천벽력 같은 명령을 내리신다.

여호와께서 이르시되 네 아들 네 사랑하는 독자 이삭을 데리고 모리아 땅으로 가서 내가 네게 일러준 한 산 거기서 그를 번제로 드리라 창 22:2

이삭을 번제로 드리라는 표현을 도무지 이해할 수 없지만, 이런 고난의 순간에 하나님은 아브라함을 신뢰하고 계셨다. 아브라함의 믿음이 위대한 것이 아니라 아브라함을 신뢰하는 하나님의 믿음이 크신 것이다.

네가 네 아들 네 독자까지도 내게 아끼지 아니하였으니 내가 이제야 네가 하나님을 경외하는 줄을 아노라 창 22:12

하나님이 아브라함을 알아주시고 믿어주시는 놀라운 장면이다. 우리가 고난당하는 순간에 그것을 극복할 줄로 믿는 하나님이 계시다는 것이 얼마나 힘이 되겠는가?
욥과 가장 가까운 사람인 욥의 아내도 욥을 믿지 못했다.

그의 아내가 그에게 이르되 당신이 그래도 자기의 온전함을 굳게 지키느냐 하나님을 욕하고 죽으라 욥 2:9

욥이 고난을 통하여 믿음을 지킬 것을 지지하고 신뢰하는 분은 오직 하나님 한 분뿐이셨다.

그가 이르되 그대의 말이 한 어리석은 여자의 말 같도다 우리가 하나님께 복을 받았은즉 화도 받지 아니하겠느냐 하고 이 모든 일에 욥이

입술로 범죄하지 아니하니라 욥 2:10

고난이 축복인 이유는 고난을 통해 하나님의 신뢰를 확인하고 확신하게 되기 때문이다. 하나님은 사탄의 참소를 들으면서도 욥이 이 고난을 이겨낼 것을 믿으셨다. 인간은 사탄의 참소에 넘어가 선악과를 따먹지만, 하나님은 사탄의 참소에 넘어가지 않으신다. 하나님은 욥을 믿으셨다.

만약에 욥이 실패해 버렸다면 어떻게 되었겠는가? 사탄은 욥이 아니라 하나님을 짓밟으려 했을 것이다. 위험천만한 천상의 거래에서 하나님은 욥에게 모든 것을 거셨다.

지금 고난당하고 있다는 생각이 든다면, 하나님이 나를 믿고 계신다고 생각하라. 하나님은 우리가 이 고난을 이겨낼 줄 믿고 응원하고 계신다는 것을 잊지 말자. 하나님이 우리를 믿지 못하시면, 고난도 허락하지 않으신다. 성도의 고난은 하나님의 무한 신뢰를 바탕으로 한다.

그래서 고난은 변장하고 오는 축복이다.

서로 위로하고 위문하니 축복이다

고난이 변장하고 오는 축복인 이유는 고난당하는 당사자뿐만 아니라 그 이웃에게 복의 기회가 되기 때문이다. 고난이 변장하고 오는 축복인 이유는, 욥에게 있는 것이 아니라 욥의 친구들에게 있다.

그때에 욥의 친구 세 사람이 이 모든 재앙이 그에게 내렸다 함을 듣고 각각 자기 지역에서부터 이르렀으니 곧 데만 사람 엘리바스와 수아 사람 빌닷과 나아마 사람 소발이라 그들이 욥을 위문하고 위로하려 하여 서로 약속하고 오더니 눈을 들어 멀리 보매 그가 욥인 줄 알기 어렵게 되었으므로 그들이 일제히 소리 질러 울며 각각 자기의 겉옷을 찢고 하늘을 향하여 티끌을 날려 자기 머리에 뿌리고 밤낮 칠 일 동안 그와 함께 땅에 앉았으나 욥의 고통이 심함을 보므로 그에게 한마디도 말하는 자가 없었더라 욥 2:11-13

욥의 고난은, 침묵으로 공감했던 욥의 세 친구에게 복이었다. 욥의 곁에 있을 수 있는 복을 세 친구가 누린 것이다. 지금 욥에게는 친구가 있든 없든 상관없다. 있으면 위로는 될 수 있겠지만, 그렇다고 고난의 강도가 줄어드는 것도 아니고, 여전히 고통스럽다. 오히려 고통이 아주 심하면 누가 곁에 있는 것조차도 싫을 때가 있다.

그러나 세 친구에게는 욥이 축복이다. 누군가 가까이에 고통당하는 자가 있다면 그의 곁에 있는 것을 복으로 여기라. 하나님께서 내게 주신 복으로 여기고 그의 곁에 있는 것을 은혜로 받아야 한다. 레위기에서 형제의 가난을 외면하지 않는 것이 거룩이며 경건이라고 했다. 내 주변의 고통과 가난의 문제는 그들과 함께하라고 내게 주신 축복의 기회다.

네 형제가 가난하게 되어 빈손으로 네 곁에 있거든 너는 그를 도와 거류민이나 동거인처럼 너와 함께 생활하게 하되 레 25:35

욥의 세 친구는 위문하고 위로하려 하여 서로 약속하고 왔다. 이것이 복이다. 일제히 소리 질러 울며 각각 자기의 겉옷을 찢고 하늘을 향하여 티끌을 날려 자기 머리에 뿌리고, 밤낮 칠 일 동안 그와 함께 땅에 앉아 있는 것, 이것이 복인 것이다.

서로 말이 필요 없다. 곁에 있는 것이 세 친구에게는 복이다. 고난당하는 욥과 함께 그의 고통에 공감하며 함께 슬퍼할 수 있기 때문에 그들에게 복인 것이다. 성도들에게 고난의 문제는, 고난당하는 자를 곁에 두고 함께 슬퍼할 수 있는 축복의 기회로 다가온다.

누군가 고난당한다면 그를 절대로 혼자 두지 말라. 고통을 관계적 측면에서 바라보면, 인간이 가장 깊은 고통 속에 있을 때, 그때 가장 아파하고 함께하는 분이 하나님이시다. 그리고 그런 사람, 함께 아파하는 마음을 가진 사람이 하나님의 마음을 가진 것이다. 욥이 이토록 극심한 고통을 당하고 있는데, 지금 누가 가장 괴로울까? 친구들일까? 아니다. 이 상황을 전개해 나가시는 하나님이 훨씬 아프시다.

오늘날 목회자인 나를 비롯하여 예수님을 믿는 우리 성도들에게 가장 필요한 성품 중에 하나가 '공감'이다. 공감 지수가 높아야 한다. 자기 힘든 것을 남이 이해해주기는 바라지만, 타인의 아픔에 공감하질 못한다. 때로는 잔인하기까지 하다. 고난당하는 사람이 가까이에 있다면, 그를 복덩어리라고 여기고 계속 곁에 있으라. 그냥 같이 있어만 주어도 서로에게 복이 된다.

나는 고등학교 3학년 때 새벽 4시에 일어나서 신문 배달을 했다. 신문을 돌리기 무척이나 피곤한 날, 함께 신앙생활 하던 학급의 친구들이 같이 자전거를 타고 나와서 신문 배달을 도와주었다. 점심시간에는 고정적으로 도시락을 함께 나눠 먹는 친구들이 생겼다. 어떤 날은 반장이 학급 회의를 열어서 나를 위해 돌아가면서 도시락을 하나씩 더 싸 올 때도 있었다.

매일 신문 배달 후에 남은 신문을 스무 장 정도 가지고 학교에 가면 친구들이 백 원에 사주었다. 수입이 꽤나 괜찮았다.

고등학교 3학년 시절, 나의 고난에 동참한 친구들은 모두 하나님이 보내주신 천사였다. 내가 겪은 고난의 시간에 곁에 있어준 친구들은 내게도 복이 되었지만, 그들에게도 가난한 자를 돕고 위로할 수 있는 축복이 된 줄 믿는다.

하박국 3장 17-19절

17 비록 무화과나무가 무성하지 못하며

포도나무에 열매가 없으며

감람나무에 소출이 없으며

밭에 먹을 것이 없으며

우리에 양이 없으며 외양간에 소가 없을지라도

18 나는 여호와로 말미암아 즐거워하며

나의 구원의 하나님으로 말미암아 기뻐하리로다

19 주 여호와는 나의 힘이시라

나의 발을 사슴과 같게 하사

나를 나의 높은 곳으로 다니게 하시리로다

이 노래는 지휘하는 사람을 위하여

내 수금에 맞춘 것이니라

말씀을 암송할 때 말씀이신 하나님을 내 안에 모셔들이는 것입니다. 말씀을 암송할 때
하나님께만 집중할 수 있습니다. 고난이 변.나.명.용이 되는 은혜를 누려보세요.

1 / 고난은 하나님의 신뢰를 확인하는 시간이다.

욥의 순전한 신앙을 자랑하셨던 하나님 때문에 욥의 고난의 서막이 올랐다. 욥이 고난받은 것은 고난 중에도 욥의 믿음이 흔들리지 않을 것이라는 하나님의 신뢰 때문이었다. 고난은 하나님이 우리를 믿으신다는 증거다. 우리의 고난의 길 끝에서 하나님이 응원하며 끝까지 이 길을 달리도록 격려하고 계신다. 하나님이 자기 백성을 믿어주시는 한, 고난은 축복이다.

2 / 고난에 함께 동참함이 축복이다.

고난당하는 자와 함께하는 것이 복이 된다. 욥의 친구들이 욥을 위로하며 곁에 있는 순간이 그들에게는 축복의 시간이었다. 고난당하는 자와 함께 고통과 아픔을 나누는 것은 하나님의 성품을 닮아가는 축복의 순간이 된다.

¹ 여호와께서 또 욥에게 일러 말씀하시되 ² 트집 잡는 자가 전능자와 다투겠느냐 하나님을 탓하는 자는 대답할지니라 ³ 욥이 여호와께 대답하여 이르되 ⁴ 보소서 나는 비천하오니 무엇이라 주께 대답하리이까 손으로 내 입을 가릴 뿐이로소이다 ⁵ 내가 한 번 말하였사온즉 다시는 더 대답하지 아니하겠나이다 ⁶ 그때에 여호와께서 폭풍우 가운데에서 욥에게 일러 말씀하시되 ⁷ 너는 대장부처럼 허리를 묶고 내가 네게 묻겠으니 내게 대답할지니라 ⁸ 네가 내 공의를 부인하려느냐 네 의를 세우려고 나를 악하다 하겠느냐 ⁹ 네가 하나님처럼 능력이 있느냐 하나님처럼 천둥 소리를 내겠느냐

변장하고 오는 **하나님의 축복 3**
하나님을 만나는
축복의 자리

단장지애 속에 숨겨진 축복의 계획

욥기에서 욥이 세 친구와 나눈 대화의 내용은 아주 길다. 모두 고난에 대한 자기들의 해석이다. 3장부터 37장에 이르는 그 무수한 토론에는 결론도 없다. 사람이 고난을 당할 때는 왜 그 고난이 왔는지, 무슨 의미인지 아무리 따지며 토론해 봐도 결론이 나지 않는다. 그 순간이 다 지나고 보아야 그것이 복인지 심판인지 상인지 저주인지 비로소 알게 된다. 그러므로 고난과 고통을 당한다고 생각될 때에는 그 고난과 관련된 복잡한 해석과 묵상을 깊게 하지 않는 것이 유익하다.

암송학교를 오래 섬겨오신 최에스더 사모가 지은 〈요게벳의 노래〉라고 하는 찬양 가사가 있다.

작은 갈대 상자 물이 새지 않도록

역청과 나무 진을 칠하네
어떤 맘이었을까
그녀의 두 눈엔 눈물이 흐르고 흘러
동그란 눈으로 엄마를 보고 있는 아이와
입을 맞추고 상자를 덮고 강가에 띄우며
간절히 기도했겠지
정처 없이 강물에 흔들흔들
흘러 내려가는 그 상자를 보며
눈을 감아도 보이는 아이와 눈을 맞추며
주저앉아 눈물을 흘렸겠지

이스라엘이 애굽에서 압제당하던 시절, 많은 아이가 태어나자마자 나일강에 버려져서 물고기 밥이 되어야 했던 고통의 시절에, 요게벳이란 한 여인이 갓 태어난 아들의 아름다움을 보았다. 자기 아들이 아름답지 않은 부모가 어디 있겠는가? 3개월을 숨겨 키웠으나 더이상 숨길 수 없게 되자 요게벳은 갈대를 엮어 만든 상자에 역청과 나무 진을 바르고 거기에 아이를 눕혔다.

그 순간만큼 고통스러운 때가 또 있었을까. 그 고통의 순간에 엄마의 눈에선 주체 못 할 눈물이 흐르고, 가슴 찢어지는 고통을 느꼈을 것이다. 출산하고 3개월 만에 그 아이를 상자에 담아 강물에 띄워 떠나보내야 하는 어미의 마음은 상상할 수 없을 정도로 고통스러웠을 것이다.

　가장 비참하고 견디기 힘든 슬픔과 고통을 나타내는 말 중에 '단장지애(斷腸之哀)'란 말이 있다. '단장의 슬픔', 곧 창자가 끊어지는 것 같은 슬픔이란 뜻이다. 부모의 죽음은 하늘이 무너지는 아픔이라 하여 '천붕지통(天崩之痛)'이라고 한다. 그러나 그보다 더 비참하고 견디기 힘든 아픔이 자식을 잃는 아픔이다.

　원숭이는 모성애가 강하다. 자식을 잃은 원숭이의 울음소리는 사람들의 애간장을 녹인다. 중국 고사에 따르면, 한 병사가 원숭이 새끼를 잡아서 배에 올랐다. 그러자 새끼를 잃은 어미 원숭이가 그 강을 따라 언덕길 백 리를 슬피 울며 쫓아왔다. 그러다 배가 기슭에 닿았을 때 배에 뛰어올랐지만, 어미 원숭이는 배에 이르기도 전에 그 자리에서 죽고 말았다. 어미 원숭이의 죽음을 살펴보니 창자가 마디마디 끊어져 있었다고 한다. 그래서 자식 잃은 슬픔을 창자가 끊어지는 아픔과 같다고 하여 '단장지애'라고 한다.

　3개월 된 아들을 나일강에 띄워야 했던 어머니 요게벳의 고통을 표현할 수 있는 단어가 있을까? 하지만 이런 고난의 순간조차도 이스라엘 민족을 향한 하나님의 계획 속에 숨겨둔 축복이었다.

　요게벳은 몰랐을 것이다. 아들을 강에 띄워 보내며 흘린 그 여인의 눈물과 갈대 상자 속에 하나님께서 이스라엘 민족을 구원하기 위한 놀라운 계획을 숨겨두셨다는 것을 어떻게 알았겠는가? 아무엇도 모르니 그저 극심한 아픔 속에 눈물 흘릴 수밖에 없었다.

모세의 아버지는 알았겠는가? 모세의 누이인 미리암은 알았겠는가? 또 바로의 공주는 자기가 데려다 기른 양아들이 애굽을 배반하고 열 가지 재앙의 원흉이 되어 이스라엘 민족을 이끌고 출애굽 할 것을 알았겠는가?

수천 년이 지난 지금도 이스라엘 역사 전체에서 모세는 최고의 지도자다. 이스라엘을 구원한 하나님의 사람으로 인정받는 모세. 그의 삶을 싸고 있는 겉싸개는 '고난'이었다. 고통과 눈물이 그의 삶을 감싸고 있었다.

모세의 어머니 요게벳이 할 수 있는 것이라고는 강가에 늘어선 갈대를 뽑아, 그것을 엮어 상자를 만드는 것이 전부였다. 출산한 지 이제 3개월, 몸조리도 제대로 못 한 여인이 갈대로 만든 상자라고 해봐야 아무리 역청과 나무 진을 발랐다고 한들 얼마나 튼튼했을 것이며, 그 상자의 수명이 얼마나 길었겠는가? 초라한 바구니 수준이었을 것이며, 얼마 못 가 물에 가라앉을 것이 분명했다.

그럼에도 어미로서 할 수 있는 것이 이것밖에 없었다. 눈물 어린 그 행동을 우리는 '사랑'이라고 말한다. 고통 가운데 선택의 여지가 없는 어머니의 작은 행동 속에 하나님은 이스라엘 민족을 구원하기 위한 놀라운 계획을 담으셨다.

요게벳은 갈대 상자에 눈물과 사랑을 담았지만,

하나님께서는 그 상자에 이스라엘의 구원을 담았다.

고난의 순간에 우리는 눈물과 사랑을 갈대 상자에 담아야 한다. 땀의 역청을 바르고 눈물의 기도로 나무 진을 발라 하나님의 놀라운 계획을 그 속에 담아야 한다.

고난의 순간에, 해석하려 하지 말라

고난은 그 순간에는 완전하게 해석되지 않는다. 이해되지도 않는다. 고난당하는 순간에는 분석도 불가능하다. 원인도 알 수 없다. 갓 태어난 남자아이를 다 죽이라는 애굽 왕 바로의 명령 앞에서 요게벳이 왜 이런 상황이 벌어졌는지만 계속 묵상하면 어떤 생각을 할 수 있겠는가?

'저 악한 왕 때문에! 이 애굽의 나쁜 관료들 때문에! 자식 하나 못 지켜주는 무능한 남편 때문에!'

이런 원망 속에서 눈물과 설움으로 나날이 살았을 것이다.

그러나 요게벳은 아이에게 집중했다. 아이가 죽음에 내몰리지 않도록 3개월을 숨겨 길렀으며, 나일강 강가에 가서 갈대로 상자를 엮었다. 아기를 담아 띄워 보낼 작정이었으면, 갈대 상자가 아니라 튼튼한 나무로 작은 돛단배라도 만들었어야 하는 것 아닐까? 하루라도 더 살도록 말이다. 그러나 요게벳은 주어진 상황에서 자기가 할 수 있는 최선을 다했다. 그러면서 고통의 순간을 그저 살아간 것이다.

그런데 하나님은 이 모든 것을 합력하여 선으로 바꾸셨다. 이것이 바로 '롬팔이팔'(롬 8:28)이다. 고통의 상황이 끝났을 때, 혹은 오랜 시간이 지나고 나서야 비로소 깨닫게 되는 하나님의 축복의 결말이다. 그러므로 지금 고난이나 고통 가운데 있다고 여겨진다면, 그 고난을 해석하려고 하지 말라. 분석하여 납득해 보려는 노력도 소용없다.

각자가 경험하는 다양한 고난의 상황에 대해 그 어떤 해석보다도 필요한 것은, 눈물 어린 사랑의 수고와 소망의 인내를 가지고 믿음으로 현실을 살아내는 것이다. 그렇게 길고 긴 터널을 다 지나고 나서야 '아, 하나님께서 이렇게 놀라운 계획을 숨겨두셨구나'라는 걸 알게 될 것이다.

귀로만 듣던 하나님을 눈으로 보게 되다

욥기는 전체가 고난 가운데 있는 욥의 이야기를 다루고 있지만, 단 한 구절도 고난의 문제를 해결하는 법을 알려주지는 않는다. 또한 고난 끝에 두 배로 부어지는 축복에 대한 이야기도 아니다. 욥기를 단순히 고진감래(苦盡甘來)나 고난을 극복하고 두 배의 축복을 받는 내용으로만 이해하려고 한다면, 우리가 읽어야 할 욥

기는 1, 2장과 42장이면 충분하다. 욥기의 결말은 '두 배의 축복'이
아니다.

욥기를 차근차근 들여다보면 욥이 누린 가장 큰 복과 영광이 무
엇인지 알 수 있는 대목이 있다.

내가 주께 대하여 귀로 듣기만 하였사오나 이제는 눈으로 주를 뵈옵나
이다 욥 42:5

바로 귀로만 듣던 하나님을 눈으로 보게 된 복이다. 고난의 과
정을 통해 하나님이 어떤 분이신지를 경험하면서 깊고 선명하게
알게 되었다는 것이 욥이 누린 최고의 축복이다.

우리는 복을 땅의 기준으로만 이해하기 때문에 산술적으로 얼
마를 잃었고, 얼마를 가졌으며, 얼마나 아팠고, 지금은 얼마나 건
강한가를 생각한다. 그러나 이것은 욥이 누린 복의 결론이 아니
다. 고난 가운데 있던 욥의 번뇌는 하나님이었다.

욥기 1, 2장에서 욥은 마치 하나님께 외면당하듯이 모든 것을 하
루아침에 잃어버렸다. 그 기가 막힌 상황에서도 욥은 '주신 이도
하나님이시니 거두어가신 이도 하나님이심'을 고백한다. 모든 것
을 잃어버린 상황에서 잃어버린 소유를 회복하려 하거나 건강을
회복하려 하지 않고 하나님을 찾고 있다.

고난의 길고 긴 터널을 지나면서 욥은 앞으로도 가보고 뒤로도

가보며 하나님만을 간절히 찾는다.

> 내가 어찌하면 하나님을 발견하고 그의 처소에 나아가랴 어찌하면 그 앞에서 내가 호소하며 변론할 말을 내 입에 채우고 내게 대답하시는 말씀을 내가 알며 내게 이르시는 것을 내가 깨달으랴 … 그런데 내가 앞으로 가도 그가 아니 계시고 뒤로 가도 보이지 아니하며 그가 왼쪽에서 일하시나 내가 만날 수 없고 그가 오른쪽으로 돌이키시나 뵈올 수 없구나
>
> 욥 23:3-9

친구들이 욥에게 다가와서 고난의 이유와 과정, 참아야 하는지 아닌지 등 각자 무수한 토론과 논쟁을 하지만 욥은 세상 소리에 귀를 막고 하나님을 찾으려고 몸부림을 치고 있다.

그러다가 욥을 둘러싼 세 친구와 엘리후의 모든 대화를 단번에 종식하는 사건이 욥기 38-42장에 등장하는 하나님의 임재다.

> 그때에 여호와께서 폭풍우 가운데에서 욥에게 말씀하여 이르시되
>
> 욥 38:1

욥기는 극심한 고통 가운데 있는 욥과 그의 고통을 바라보며 끊임없이 고난을 해석하는 친구들과의 논쟁 속에서 하나님의 등장하심으로 모든 고통이 일시에 해소되는 통쾌한 결론에 이르게 된다.

그 결론은 두 배의 축복이 아니라 하나님의 등장이었다! 단 한 순간에 모든 대화가 종식된다. 이제 욥과 세 친구는 더 이상 고난을 해석하고 분석할 이유가 없어졌다.

"너는 대장부처럼 허리를 묶고 내가 네게 묻는 것을 대답할지니라"(욥 38:3)라고 하시는 하나님 앞에서 그들은 단 한마디도 못 하고 입을 가렸다.

> 보소서 나는 비천하오니 무엇이라 주께 대답하리이까 손으로 내 입을 가릴 뿐이로소이다 내가 한 번 말하였사온즉 다시는 더 대답하지 아니하겠나이다 욥 40:4,5

그 많던 말을 잠재우는 단 한 번의 사건, 그것은 하나님을 만나는 것이었다.

고난 상황의 끝이 고난의 끝이 아니다

고난당한다고 생각될 때, 또 실제로 고난이 다가왔을 때, 그 상황을 극복하는 것을 그 사건의 종료로 여기지 말아야 한다. 고난의 마지막은 하나님을 경험하는 것이다.

흔히 '고난극복'이라고 하면 고진감래, 다시 말해 고난을 재료 삼아 복이 되는 것을 말하겠지만, 변장하고 오는 축복은 그런 의미가 아니다. 고난은 변장하고 오는 하나님의 임재다. 하나님은 우리의 고난 가운데 우리와 함께하시기 때문이다.

성도에게 고난은 하나님을 만남으로 복이 된다. 고난을 겪으며 우리는 이 사실을 경험하게 된다. 신의 부재(不在)가 고난이라면, 신의 임재(臨齋)야말로 축복이다.

논쟁과 분석과 판단이 가득했던 욥기 2장 이후로 37장까지는 하나님의 존재가 드러나지 않는다. 고난 가운데 하나님이 없다는 듯 침묵하신다.

그러나 38장부터 드러내시는 하나님의 영광 앞에 욥과 그 친구들의 무지함이 하나님의 지혜에 무릎 꿇게 된다. 그래서 고난은 하나님을 만남으로써 끝이 난다는 사실을 알려준다.

우리가 고난과 고통 가운데 있다면 하나님을 만나려고 애를 써야 한다. 어떤 고통 가운데 있어도, 하나님을 경험하는 순간 고통은 더 이상 고통이 아니게 된다. 고난이 변장하고 오는 축복인 이유는, 고난이 하나님을 만나도록 우리를 부르는 초대장이 되기 때문이다.

함께함이 복이다

기쁨은 나누면 두 배가 되고 슬픔은 반이 된다는 말이 있다. 계속 강조하듯이, 우리는 욥의 고난과 두 배의 축복이라는 공식에

집착해선 안 된다. 욥기는 고난의 끝에 누리는 두 배의 축복을 알려주려고 기록된 책이 아니다. 우리는 1,2장에 등장하는 욥의 고난과 42장에 결론짓는 욥의 축복 사이에 기록된 아주 긴 이 대화의 내용을 주목해서 보아야 한다. 비록 욥과 논쟁을 벌이기는 했지만, 욥의 고난 속에 숨겨진 또 하나의 축복은 '욥의 친구들'이다.

욥의 친구 세 사람이 멀리서부터 왔다. 각각 자기 지역에서부터 이르렀는데, 욥을 위로하려고 서로 약속하고 모였다(욥 2:11). 그들은 겉옷을 찢고 티끌을 자기 머리에 뿌리며 아무 말도 못 한 채 밤낮 칠 일 동안 욥과 함께 앉아 있었다(욥 2:12,13).

얼마나 감격적이고 위로가 되는가? 이쯤에서 고난이 끝났더라면 정말 멋질 뻔했다. 오랜 병에 효자도 없지만, 길고 긴 고난에 가족도 친구도 없는 것 같다. 3장부터 37장까지 이어지는 끝도 없는 논쟁 때문에 욥기를 읽는 독자도 지칠 지경이다.

그러나 생각해 보면, 서로 다신 안 볼 것처럼 치열하게 벌어진 욥과 친구들 사이의 긴 대화와 논쟁에도 불구하고, 그 또한 축복이란 것을 깨닫게 된다. 이 친구들이 없었더라면 욥은 그 긴 고난의 시간을 무사히 통과하지 못했을 것이다. 서로 찌르는 논쟁보다 더 고통스러운 것은 고독일 것이다.

그 긴 고난의 터널을 지나는 동안 세 친구가 함께 있었다는 것만으로도 복이다. 서로 찌르는 대화를 해도, 곁에 아무도 없는 것보다는 있는 편이 낫다. 위로를 거절해도 되는 고통은 없다. 곁에 위로자가 있는 것만으로도 복이다.

　욥과 욥의 친구들은 고난의 문제를 가지고 자신들의 모든 지식과 경험을 총동원하여 정죄하고, 분석하고, 항변한다. 친구들의 말도 자세히 들어보면 틀린 내용은 아니다. 신랄한 대화를 보면 어쩌면 욥은 자신이 겪고 있는 고난보다 친구들의 정죄가 더 고통스러웠을 것 같기도 하다. 하지만 그 덕분에 외롭지 않게 그 시간을 보낸 셈이다. 이런 걸 생각해 보니, 고난당하는 자의 곁에 머물러주는 사람은 어떤 형태로든 함께해주는 것만으로도 복이다.

타인을 향한 기도와 사랑으로 나아감이 복이다

　욥기를 읽으면서 고난의 문제가 해결되고 나면 곁에 있던 친구들이 얼마나 미울까 생각해본 적이 있다. 그러나 그 고난의 터널이 끝나고 나서 욥은 그토록 자신을 찔렀던 친구들을 위해 기도했다.

　욥이 그의 친구들을 위하여 기도할 때 여호와께서 욥의 곤경을 돌이키시고 여호와께서 욥에게 이전 모든 소유보다 갑절이나 주신지라

　욥 42:10

　고난의 문제를 지금 나에게 벌어진 문제와 그 문제를 해결하는

데만 집중하는 것으로 대하면, 고난의 결론은 고난 상황의 극복이다. 그러나 고난은 그 끝에서 하나님을 만나는 것, 더 나아가 주위를 둘러보며 함께해주었던 사람들을 향한 축복으로 마무리된다.

> 그가 시험을 받아 고난을 당하셨은즉 시험 받는 자들을 능히 도우실 수 있느니라 히 2:18

예수님도 고난을 당하셨은즉 시험받는 자들을 능히 도우신다고 하셨다. 욥은 자신의 고난의 문제를 자신에게만 집중하지 않았다. 예수님의 모범처럼 친구를 위해 기도했다. 욥은 친구들과 논쟁하는 자리에서 이제는 친구들을 위해 기도해줄 수 있는 성숙의 자리로 나아가게 되었다.

자기 고난을 넘어 타인을 향한 용서와 기도로 나아가게 된 것이 복이다. 우리는 고난과 고통 중에서 또 다른 고통당하는 사람을 위해 기도함으로 예수님의 사랑을 배우게 된다. 가난한 사람이 가난한 사람을 돌보고, 병자가 병자를 돌보는 이유가 그 때문이다. 같은 입장이 되어보지 않으면 결코 다가갈 수 없는 공감의 영역 때문이다.

예수님의 십자가 좌우편에 있던 흉악범들도, 십자가 아래 저 먼 발치에 있던 사람들도, 심지어 주위를 지키던 군병들조차도 예수님의 곁에 있었다는 것만으로 복이 되었다.

예수님의 십자가를 억지로 졌던 구레네 사람 시몬은 느닷없이 한 죄수의 십자가를 대신 져야 했으니, 그 마음이 좋지는 않았을 것이다. 하지만 그 죄수가 예수님이시란 것을 아는 순간, 그 불쾌함과 불편함은 영광스러운 축복으로 다가왔다. 훗날, 시몬의 아내는 그 아들 루포를 주의 종으로 삼아 바울의 사역에 동참하게 했으며, 바울은 루포의 어머니를 '내 어머니'라고 할 만큼 루포와 그 가족의 헌신을 칭찬한다. 억지로 진 십자가일지언정 십자가 곁에 있는 것만으로도 복이 된 것이다.

고난당하는 이의 곁에 있는 복이 얼마나 큰지 아는 사람은 고난당하는 사람을 결코 외면하지 않는다. 고난은 이런 측면에서 당하는 자에게나 곁에 있는 자에게 축복의 기회가 된다.

지금 고난 중에 있다면, 하나님도 그 자리에 함께 계심을 기억하라. 하나님이 부재했던 삶이 하나님의 임재가 가득한 삶으로 바뀌어가고 있다는 사실을 기억해야 한다. 그뿐만 아니라 그 고난이 우리 자신을 포함한 주변 사람 모두에게 복이 된다는 사실을 믿어야 한다.

하나님의 집중 관리 대상

까닭 없는 고난을 당하는 동안 욥은 하나님의 집중 관리 대상이 되었다.

그때에 여호와께서 폭풍우 가운데에서 욥에게 일러 말씀하시되 너는
대장부처럼 허리를 묶고 내가 네게 묻겠으니 내게 대답할지니라

욥 40:6,7

폭풍우 가운데에서 창조주 하나님이 욥과 대화를 하고 계시다
니, 이것만으로도 고난은 축복이다. 욥은 지금 하나님과 대화하
는 가운데 자신이 주목받고 있다는 사실에 놀라고 있다.

보소서 나는 비천하오니 무엇이라 주께 대답하리이까 손으로 내 입을
가릴 뿐이로소이다 욥 40:4

욥이 손으로 입을 가린 것은 질문이 너무 어려워서가 아니다. 크
신 하나님의 임재에 말문이 막혔기 때문일 것이며, 이 크고 놀라우
신 하나님이 지금 나와 대화하고 있고, 나에게 집중하고 계시다는
사실이 감격스럽기 때문이다.

'아픈 손가락'이란 표현이 있다. 아프니, 늘 신경이 쓰인다. 잠
을 잘 때도, 길을 갈 때도 어딘가에 닿기라도 할까 봐 조심하게 된
다. 시선이 떠나질 않는다. 자식 중에도 아픈 손가락이 있다. 부
모의 시선은 항상 거기 머문다.

욥은 창조주 하나님이 자기 옆에 있다는 사실에 놀라고, 그 하
나님이 자신을 기억하고 있다는 사실에 놀라고 있다. 하나님을

찾아도 못 만날 것이라 여겼던 욥의 생각이 깨어지고, 오히려 그 하나님이 자신에게 지대한 관심을 기울이고 있다는 사실에 눈물을 주체할 수 없었을 것이다.

하나님의 아픈 손가락

초등학생 시절, 교회에 52번만 가면 필통 준다는 말에 출석하기 시작한 교회에서 어린이 성가대로 찬양을 하기 시작했다. 한 달에 한 번 오후 예배 시간에 본당 성가대석에 앉아서 하나님을 찬양할 때를 생생하게 기억한다. 부모님도 안 계시고 혼자 교회를 다니지만, 찬양하고 기도할 때면 마치 하나님이 본당 천장을 뚫고 한 줄기 빛으로 내 머리 위에 비추시는 것 같았다. 그 순간엔, 하나님이 나만 바라보고 계신 것 같았다.

나는 스스로 하나님의 '아픈 손가락'이라고 생각했다. 하나님께서 유난히 사랑하고 지켜보고 아끼신다고 믿었다. 누가 더 마음이 아프겠는가? 고난의 현장에 있는 나보다 그 현장으로 나를 밀어넣으시고 그 모습을 지켜보고 계신 하나님이 더 마음 아파하실 것이라고 생각했다. 그런 나에게 하나님이 훨씬 더 관심이 많으실 거라고, 그래서 고난당할 즈음엔 피할 길도 주실 것이라 믿었다.

사람이 감당할 시험 밖에는 너희가 당한 것이 없나니 오직 하나님은 미쁘사 너희가 감당하지 못할 시험 당함을 허락하지 아니하시고 시험

당할 즈음에 또한 피할 길을 내사 너희로 능히 감당하게 하시느니라

고전 10:13

대학입시를 치르고 경북대학교에 합격했다. 정말 기뻤다. 그러나 등록 마감일이 다가오자 앞이 깜깜했다. 열심히 공부해서 대학에 합격했지만, 등록금을 내지 못하는 상황이었다. 등록 마감을 하루 남겨두고 버스를 타고 가면서 하나님께 투덜대며 기도했던 기억이 난다.

'하나님 이번 대학은 포기해야겠습니다. 그러면 신학교도 한 해 늦게 갈 거고, 목사도 한 해 늦게 될 거고, 하나님께서는 한 해 손해 보시겠네요. 저는… 괜찮아요.'

약간 협박성(?) 기도를 했더랬다. 하나님께서 그날 저녁에 시대의 한 치과의사분을 통해 전액 장학금을 주셨다. 다음날 등록하러 학교에 갔더니 놀랍게도 그 전날 내가 다니던 교회에서 전액 장학금으로 이미 등록을 마쳐둔 게 아닌가.

다급하게 드린 기도를 신속하게 두 배로 응답하신 하나님을 경험하면서, 다시는 이런 협박성 기도는 하지 말아야겠다고 다짐했다. 스무 살에 내가 만난 하나님은 정말로 나에게 아주 관심이 많으셨다. 그 사실을 나는 확실히 알게 되었다.

자기 백성이 고난당할 때 가장 가까이에서 관심 있게 지켜보시며 응원하시는 분이 바로 하나님이시다. 욥기 38장을 읽는데, 내

눈에서 눈물이 터져 멈추지 않았다.

바다가 그 모태에서 터져 나올 때에 문으로 그것을 가둔 자가 누구냐 그때에 내가 구름으로 그 옷을 만들고 흑암으로 그 강보를 만들고 한 계를 정하여 문빗장을 지르고 이르기를 네가 여기까지 오고 더 넘어가 지 못하리니 네 높은 파도가 여기서 그칠지니라 하였노라 욥 38:8-11

욥이 이 말씀을 들을 때 '너의 고난도 한계가 있어. 영원한 고난 은 없어. 내가 여기까지 한계를 정하고 더 넘어가지 못하게 만들 었어'라고 들리지 않았을까? 이 말씀이 얼마나 위로가 되었을까!

야곱아 너를 창조하신 여호와께서 지금 말씀하시느니라 이스라엘아 너를 지으신 이가 말씀하시느니라 너는 두려워하지 말라 내가 너를 구 속하였고 내가 너를 지명하여 불렀나니 너는 내 것이라 네가 물 가운 데로 지날 때에 내가 너와 함께 할 것이라 강을 건널 때에 물이 너를 침몰하지 못할 것이며 네가 불 가운데로 지날 때에 타지도 아니할 것 이요 불꽃이 너를 사르지도 못하리니 사 43:1,2

고난이 닥칠 때면 대부분 소외감, 배신감과 분노, 외로움 같은 감정이 동시에 물려온다. 그러나 기억하자. 그 순간이 하나님으 로부터 가장 주목받는 순간이다. 지금 고난 가운데 있다면 욥기

38장 전체를 크게 소리 내어 읽어보라. 그 하나님이 나의 하나님
이란 사실에 감격하게 된다. 그 하나님의 시선이 내게 집중되어 있
다는 사실에 눈물을 흘릴 것이다.

고난을 겪고 있는 하나님의 자녀는 하나님의 아픈 손가락이 되
어 하나님이 양손으로 싸매고 호호 불며 다니신다. 그것을 보여
주는 복선이 욥기 1, 2장에 기록되어 있다.

여호와께서 사탄에게 이르시되 내가 그의 소유물을 다 네 손에 맡기노
라 다만 그의 몸에는 네 손을 대지 말지니라 사탄이 곧 여호와 앞에서
물러가니라 욥 1:12

여호와께서 사탄에게 이르시되 내가 그를 네 손에 맡기노라 다만 그의
생명은 해하지 말지니라 욥 2:6

'그의 몸에는 손을 대지 마라! 생명은 건들지 마라!' 말씀하신
하나님이 우리의 고난에 한계를 정하셨다. 그 하나님이 당신을 집
중하여 특별관리하고 계신다!

"한계를 정하여 문빗장을 지르고 이르기를 네가 여기까지 오고
더 넘어가지 못하리니 네 높은 파도가 여기서 그칠지니라!"

하박국 3장 17-19절

17 비록 무화과나무가 무성하지 못하며

포도나무에 열매가 없으며

감람나무에 소출이 없으며

밭에 먹을 것이 없으며

우리에 양이 없으며 외양간에 소가 없을지라도

18 나는 여호와로 말미암아 즐거워하며

나의 구원의 하나님으로 말미암아 기뻐하리로다

19 주 여호와는 나의 힘이시라

나의 발을 사슴과 같게 하사

나를 나의 높은 곳으로 다니게 하시리로다

이 노래는 지휘하는 사람을 위하여

내 수금에 맞춘 것이니라

말씀을 암송할 때 말씀이신 하나님을 내 안에 모셔들이는 것입니다. 말씀을 암송할 때
하나님께만 집중할 수 있습니다. 고난이 변.나.명.용이 되는 은혜를 누려보세요.

1 / 우리의 고난 속에 하나님의 크신 계획이 담겨 있다.

요게벳은 눈물과 사랑을 담아 갈대상자에 어린 모세를 담아 물에 띄워 보냈다. 단장지애의 아픔 속에서 아이를 갈대상자에 담아 보냈지만, 하나님은 그 속에 이스라엘을 향한 큰 구원의 계획을 감춰주셨다. 고난의 순간에 우리는 눈물과 사랑으로 나아가야 한다. 그 아픔과 슬픔을 하나님이 놀랍게 선으로 바꿔주실 것이다.

2 / 고난의 끝은 두 배의 축복이 아니라 하나님을 만나는 것이다.

욥은 모든 고난이 끝났을 때 두 배의 축복을 받았으며, 장수하다가 나이가 많아서 죽었다. 그러나 욥기의 주제는 '두 배의 축복'이 아니다. 욥이 누린 가장 큰 복은 귀로 듣기만 하던 하나님을 눈으로 보게 된 것이다. 고난 속에서 우리는 하나님을 간절히 찾아야 하며, 그럴 때 하나님을 만나는 귀한 축복을 누리게 된다. 고난은 변장하고 오는 하나님의 임재다.

PART 2

고난은
하나님의 영적 기상나팔

20 오직 내게 이 두 가지 일을 행하지 마옵소서 그리하시면 내가 주의 얼굴을 피하여 숨지 아니하오리니 21 곧 주의 손을 내게 대지 마시오며 주의 위엄으로 나를 두렵게 하지 마실 것이니이다 22 그리하시고 주는 나를 부르소서 내가 대답하리이다 혹 내가 말씀하게 하옵시고 주는 내게 대답하옵소서 23 나의 죄악이 얼마나 많으니이까 나의 허물과 죄를 내게 알게 하옵소서 24 주께서 어찌하여 얼굴을 가리시고 나를 주의 원수로 여기시나이까 25 주께서 어찌하여 날리는 낙엽을 놀라게 하시며 마른 검불을 뒤쫓으시나이까 26 주께서 나를 대적하사 괴로운 일들을 기록하시며 내가 젊었을 때에 지은 죄를 내가 받게 하시오며 27 내 발을 차꼬에 채우시며 나의 모든 길을 살피사 내 발자취를 점검하시나이다 28 나는 썩은 물건의 낡아짐 같으며 좀 먹은 의복 같으니이다

기도의 자리로 부르는
나팔 소리

고난의 원인

존 스토트는 《그리스도의 십자가》에서 고난과 영광에 대해 말했는데, 그는 일반적으로 인생에서 겪게 되는 고난을 네 가지 범주로 설명한다.

첫째로 고난은 하나님의 선한 세계에 대한 이방 세력의 침략과 관련되어 있다. 사탄에게 매인 바 된 것, 육체의 가시다.

둘째로 고난은 종종 죄의 결과로 주어진다. 원래 질병과 사망은 죄를 통해 세상에 들어왔다. 때로는 내 죄가 아닌 다른 사람들의 죄로 인하여 고난을 받는 경우가 더 많다. 사랑 없는 무책임한 부모들로 인해 자녀들이 고난을 당하고, 불의한 경제로 인해 가난하고 굶주린 자들이 고난을 당한다. 전쟁의 잔인함으로 인해 피난민들이 고난을 당하고, 음주운전으로 인한 교통사고에 무고한 사람이 고난을 당한다. 이런 상황을 타종교나 세상 사람들은 이생, 전생의 죄로 고난이 업보처럼 주어진다고 이해하기까지 한다.

셋째로 고난은 고통에 대한 인간적 감각과 감수성에서 비롯한다. 고통을 느끼는 정도에 따라 스스로를 보호하기 때문이다. 고통의 문제를 겪는 동안 인류는 그것을 극복하며 발전해왔다. 홍수를 경험하면서 댐과 수로를 만들어 수해를 예방하게 되었고, 몸의 통증을 극복하기 위해 의술이 발달해온 것과 같다. 고통이라고 하는 감각은 고난을 극복하는 조건반사다.

마지막으로 고난은 하나님께서 우리를 처하게 하신 환경에 기인한다. 대부분의 고난이 죄로 말미암은 것이기는 하지만, 일부는 홍수나 태풍, 지진이나 가뭄 등 같은 자연재해, 즉 우리가 처한 환경으로부터 받는 고난에 해당한다.

우리가 살면서 겪게 되는 고난이 어디 이 네 가지 범주만 있겠는가? 인간은 태어나면서부터 고생과 수고로 가득한 인생에 놓이게 된다. 신생아가 탯줄을 끊는 순간 환하게 웃음 짓지 않고 빽빽 울면서 생명의 시작을 알리는 것은, 예고된 고난이 본성에 있기 때문일 것이다. 탯줄을 끊는 순간부터 그렇게 울어대고, 울지 않으면 의사가 거꾸로 붙들고 엉덩이를 찰싹 쳐서 소리 내어 울게 만든다. 양수 호흡에서 폐호흡을 위한 출산의 과정이라지만, 그만큼 인생은 나면서부터 울어야 할 일이 많다.

손에 새겨진 손금은 태 속에서 열 달 동안 두 주먹을 힘껏 꽉 쥐면서 생긴 주름이라고 한다. 두 주먹 꽉 쥐고 태어난 인생이, 마지막에 생을 마감할 때는 두 손을 다 펴고 죽음에 이르게 된다. 그래서 손금은 인생을 향한 각오의 뱃속 주름이라고 한다.

욥기 13, 14장은 우리가 이렇게 다양하게 겪는 고난과 그 결과로 드러나는 고통의 문제들을 해석하는 영적 기상나팔 소리가 어떤 것인지를 잘 보여준다.

타락한 인류를 깨우는 나팔 소리

기상나팔 소리는 잠에서 깨어 하루 일과를 알리는 소리로, 군대 경험이 있다면 아직도 귀에서 쟁쟁하게 들리는 듯할 것이다.

C. S. 루이스는 《고통의 문제》에서 "하나님이 선하시고 전능하시다면 왜 피조물들의 고통을 허락하시는가?"라고 질문한다. 하나님은 좋으신 분이기에, 까닭 없이(타인으로부터든, 환경으로부터든, 자기 잘못으로부터든) 당하는 고통의 문제는 하나님의 선하심과 어울리지 않는다는 것이다.

하나님은 전능하시다. 그리고 선하시다. 그런데 전능하시고 좋으신 하나님께서 왜 인간의 고통에 대해, 특히 죄 없는 사람과 선량한 사람의 고통에 대해 침묵하시는가?

루이스는 인간의 고통에 대한 질문에 하나님의 전능하심과 선하심으로 답하려 하지 않았다. 오히려 그는, 인류가 선악과를 따먹으면서 자유의지를 잘못 사용했던 그 처음의 순간이 얼마나 처참한 결과를 초래했는지를 진지하게 설명한다.

인류의 고통은 근본적으로 태초에 하나님이 주신 자유의지를 가지고 말씀에 불순종하여 하나님의 창조 질서가 파괴되어 나타난 결과이다. 하나님의 형상으로 지음받은 인간에게 하나님께서 주신 자유의지는 땅의 질서와 맞물려있다. 인류의 타락은 인간 자체뿐만 아니라 피조세계 전체의 타락과 관계되기 때문이다.

그로 말미암아 타락한 인류가 겪는 고통을 하나님이 제거하신다는 것은 자연 질서와 자유의지로 살아가는 인생 자체를 제거해야 하는 것이다. 그것은 이미 세상의 종말과 같다.

만약 피조물들이 자유의지를 잘못 사용할 때마다 매번 하나님이 개입해서 바로잡아 준다면, 자유의지를 피조물들에게 허락하지 않은 것과 다를 게 없다. 첫 창조의 모든 질서가 완전히 파괴되어버리는 것과 같다.

즉, 자유의지의 타락으로 하나님도 손쓸 수 없을 정도로 세상은 고장 났으며 고통 가운데 빠지게 된 것이다. 하나님은 하나님이 우리 인간에게 부여하신 자유의지를 박탈하면서까지 고통을 제거해주시지 않는다. 대신, 고통 가운데 있는 인생을 향한 하나님의 메시지를 루이스는 이렇게 말한다.

"하나님은 쾌락 속에서 우리에게 속삭이시고, 양심 속에서 말씀하시며, 고통 속에서 소리치십니다. 고통은 귀먹은 세상을 불러 깨우는 하나님의 메가폰입니다."

하나님의 메가폰으로써 고통이 혹독한 도구라는 데에는 의심의 여지가 없지만, 그 고통은 반역한 인간에게 돌이킬 수 있는 기회를 제공해주는 역할 또한 한다.

타락으로 악해진 인간을 치료하시려는 하나님의 사랑의 손길이 스치는 곳에 인간의 고통이 발생한다. 그래서 루이스는 이렇게 말한다.

"고통은 모든 악 중에 유일하게 살균 소독된 악입니다. 고통에는 그 본성상 증식하는 성향이 없으므로 고통이 끝났다면 자연스럽게 기쁨이 뒤따라오게 되어 있습니다."

그러므로 고통을 마주하게 될 때, 우리는 하나님의 전능하심과 선하심을 신뢰하고 이 고통이 그가 치료하시는 사랑의 손길임을 믿어야 한다. 하나님께서 부수거나 파괴하시는 것은 우리를 부수거나 파괴하기 위함이 아니다. 우리를 깨워서 하나님의 성품에 참여하게 하기 위함이다.

그렇게 우리를 깨우는 것이 영적 기상나팔 소리이다.

기도하라고 울리는 나팔 소리

이런 고통을 수반하는 여러 종류의 고난들은 하나님께서 우리를 깨워 하나님의 성품에 참여하게 한다. 욥의 극심한 고통 속에서 세 친구의 위로는 잠시 일주일간의 도움 정도는 되었지만, 궁극적인 해결은 되지 못했다.

그러나 욥기 13장에서부터 욥은 각성하기 시작한다. 12-14장은 욥기에서 욥이 한 말 중 두 번째로 길다. 29-31장이 가장 길고, 그다음으로 길게 한 말이 13-14장이다. 욥은 세 친구와의 첫 번째 논쟁을 마무리 지으면서 대화의 상대를 바꾸었다. 이후로 대화 대상은 친구들이 아니다. 그는 하나님께 말하고 있다. 대화의 대상이 바뀐 것이다.

1장 이후로 욥이 탄식과 함께 하나님께 몇 마디 짧은 하소연을 한 적이 있기는 하다. 그러나 13장 20절부터는 작정하고 하나님께 절실한 기도를 드리고 있다.

오직 내게 이 두 가지 일을 행하지 마옵소서 그리하시면 내가 주의 얼굴을 피하여 숨지 아니하오리니 곧 주의 손을 내게 대지 마시오며 주의 위엄으로 나를 두렵게 하지 마실 것이니이다 그리하시고 주는 나를 부르소서 내가 대답하리이다 혹 내가 말씀하게 하옵시고 주는 내게 대답하옵소서 욥 13:20-22

욥은 두 가지에 대해 기도하고 있다. 지금의 고통이 너무 크니 주의 손을 내게 대지 말아 달라는 기도와 함께, 나를 부르서서 하나님과 대화하게 해달라고 요청하고 있다.

이제 욥은 먼 길을 찾아온 세 친구가 아닌 하나님을 구하고 있다. 그렇게 그는 14장 끝까지 하나님께 자신만의 대화를 쏟아 내고 있다. 어떻게 보면 하나님께 투쟁하듯이, 호소하듯이, 절박함과 절실함을 기도로 고백하고 있다.

우리가 기도할 때 기도한 대로 다 응답받는가? 그렇지는 않다. 그런데 기도는 왜 하는 것인가? 기도가 하나님과의 대화라고 하지만, 사실 하나님은 대답도 잘 안 해주신다. 어떤 기도는 끝까지 묵묵부답이시다.

예수님의 겟세마네 기도도 그렇지 않았는가? 그렇게 간절하게 기도했는데 하나님께선 대답도 없으시다. 그래서 주님은 내 뜻대로 말고 아버지 뜻대로 하겠다며 포기하시고 십자가를 지셨다. 그렇기에 우리는 묵묵부답도 응답이라고 한다. 특히 고난을 당할 때의 기도는 어떤 의미인가?

고난은 우리를 '기도'하라고 깨우는 기상나팔 소리다. 기도는, 내가 선택할 수 있는 자유의지 중에 가장 강력한 '하나님 선택권'이다. 고난은 타락하고 박살 나버린 자유의지를 돌이켜 '하나님 우선 선택권'을 사용하도록 깨우는 영적 기상나팔 소리인 것이다. 우리는 이 소리로 영혼을 깨우며 고난의 일과를 극복할 수 있다. 아침에 알람 소리를 듣고 일어나 하루를 시작하고 하루를 마무리하는 것처럼, 기도는 우리의 인생이 하나님으로부터 나왔으며 하나님께로 돌아간다는 매일의 깨우침 시간이다.

기도의 목적은 소원 성취가 아니다. 기도는 하나님 없이는 살 수 없다는 영혼의 호흡이다. 기도로 우리의 영혼은 숨을 쉰다. 영적인 호흡을 통하여 생존 신고를 하나님께 드리는 것이다. 너무 고통스러워서 기도가 어렵거든 깊은 한숨을 쉬는 것도 괜찮다. 탄식도 괜찮다. 작은 신음까지도 하나님은 들으신다.

그렇게 탄식하는 소리가 곡조가 되어서 찬양이 되기도 한다. 시편의 3분의 1은 '탄식 시'다. 즉 시인은 탄식하는 소리에 곡조를 붙여 찬양으로 기도한 것이다.

사람이 수명을 다하면 숨을 거둔다고 한다. 숨, 즉 호흡은 살아 있다는 증거다. 호흡이 있는 자마다 여호와를 찬양하듯이(시 150:6 참조) 고난당하는 자는 생존의 표현으로 기도로 탄식하는 것이다.

고난의 깊은 심연에서 깊이 몰아쉬는 호흡만으로도 태초에 생기를 불어넣으신 하나님과 소통할 수 있게 된다. 그러므로 호흡은 생존의 가장 처음이자 마지막인 것이다. 인생의 가장 바닥이라고 여길 때 겨우 붙어있는 호흡은 우리가 하나님을 찾도록 이끈다.

그러므로 고난은 기도를 통해서 우리가 영적으로 살아있음을 표현하게 한다. 기도가 죽으면 고통도 깨닫지 못한 채 영혼의 심정지가 온다. 성도는 기도를 통해서 영적인 실존과 생존이 가능하다. 그러므로 고난은 우리를 깨워 하나님께 기도하도록 하는 영적 기상나팔 소리다.

한국교회의 과거와 지금을 비교해 볼 때 가장 큰 차이가 있다면 기도가 현저하게 줄었다는 점이다. 특히 새벽기도, 금요 철야에 대한 관심이 두드러지게 약해져 있다. 주일예배 출석 인원의 절반이 주일 오후 예배 출석률이다. 그리고 주일 오후 예배 출석 인원의 절반이 수요예배다. 수요일 참석하는 성도의 절반이 새벽기도회와 금요철야기도회를 참석한다.

신체적으로 체감이 가능한 고통은 질병을 치료하는 의사에게 가장 고마운 신호체계이다. 아파서 신음할 때 질병을 진단하고 고칠 수가 있다. 고통이 있으면 그것을 호소하고 병원을 찾아가서 적극적으로 질병을 치료하게 된다. 반면 고통 없이 찾아오는 질병은 매우 위험하다. 심장과 관련된 질병 중에는 통증을 수반하지 않은 채 갑자기 심정지가 오는 아주 위험한 질병들이 있다.

고난 가운데 있으면서 그것이 고난인 줄 모르게 하는 가장 위험한 영적인 심장질환은 기도하지 않는 것이다. 기도를 통해서만 스스로 고난 가운데 있음을 호소할 수 있다. 통증 없는 질병이 위험하듯이 기도 없는 고난은 위험하다.

고난을 당하는데 체감할 수 없기 때문에 기도하지 않게 되고, 결국 영혼이 죽음에 이를 수 있다. 그래서 고난은 잠자는 영혼을 깨워 하나님께 고통을 호소하고 기도하게 한다는 점에서 기상나팔 소리다.

소설 《25시》의 작가 비르질 게오르규는 1930년대 중반에 잠수함 수병으로 복무했다. 그 시절 잠수함은 산소 측정장치 대신 토끼를 태우고 다녔는데, 산소가 부족하면 토끼 귀에 튀어나온 핏줄이 사람보다 일곱 시간쯤 먼저 터지기 때문이다. 게오르규가 잠수함에 복무할 당시, 잠수함에 함께 태웠던 토끼가 병들어 죽자 함장은 유난히 예민했던 게오르규를 잠수함 맨 밑바닥에서 일하게 했다고 한다.

게오르규가 잠수함 맨 밑바닥에서 잘 먹지 못하고 호흡을 힘들어하면, 수면 위로 잠수함을 떠올려 환기를 시켰다고 한다. 그는 이 체험담을 말하며 "병든 시대에 시인과 작가는 늘 깨어 있어야 한다"라고 했다.

"고난의 시대에 그리스도인은 기도로 깨어 있어야 한다."

그래서 욥은 하나님의 영광 가운데 자신이 얼마나 비참한 존재인지를 고백하며 기도의 자리로 나서게 된 것이다. 하나님 앞에 쏟아 놓아야 하고 하나님 앞에서 회복되어야 하기 때문이다. 욥기 14장으로 이어지면서 그는 죄의 뿌리에까지 이르는 자신의 연약함을 토로한다. 고난 앞에서 욥은 기도의 모범을 보여주었다.

마찬가지로 우리도 고난을 당하면 우리가 얼마나 비천하고 가련한 죄인인지를 깨닫고 겸손하게 엎드려 기도의 자리로 내려가게 되는 것이다.

사람을 향해 말하지 말고 하나님을 향해 말하라

욥기 13, 14장에서는 욥이 무슨 기도를 했는지, 어떻게 기도했는지 그 내용과 방법에 대해 자세히 안내해주지는 않는다. 고난 중에 기도하는 방법과 내용을 알려주면 참 좋을 텐데 말이다. 그런데 욥기 13, 14장을 보면 욥에게 그런 것은 그다지 중요하지 않았다.

기도의 방법이나 내용보다도 욥은 우리에게 고난을 당하면 하나님께 기도하고 기도의 자리로 나갈 것을 모범으로 보여준다.

> 너희 아는 것을 나도 아노니 너희만 못하지 않으니라 참으로 나는 전능자에게 말씀하려 하며 하나님과 변론하려 하노라 욥 13:2,3

욥은 친구들과의 논쟁 중에 더 이상 사람들과 말을 섞으려 하지 않고 오직 하나님께로 향하고 있다.

욥기 14장까지 욥이 대화하는 상대는 하나님이다. '주께서, 주여, 주는, 주의, 주께서는' 등등, 그동안 사람과의 대화에 지친 욥은 하나님께 말문을 트고 있다.

고난당할 때 사람을 찾지 말고 하나님을 찾으라. 사람의 위로는 자신을 찌르는 가시가 될 가능성이 높다. 하나님께로 기도의 자리를 찾아 나아가야 한다. 기도하기 위하여 기도의 자리, 기도원, 또는 교회로 나가는 것, 그 자체가 이미 기상나팔 소리를 들은 것이다.

마음에 기도해야겠다는 소리가 들리면 나팔 소리가 울리는 것이다. 기도의 자리를 찾으라.

우리나라에서 교회보다 더 심각한 운영 위기를 맞은 곳은 기도원이다. 한국교회의 원동력은 기도원 운동에 있었다. 자신의 교회에 적을 두고 있어도 산기도, 철야기도, 금식기도를 하기 위하여 모여들던 기도의 자리가 지금은 텅텅 비었다는 것이 고난 불감증의 증상에 해당할 것이다.

기도가 현저히 줄었음에도 불구하고 교회의 활동은 몇 배로 많아졌다. 선교, 구제, 봉사, 찬양, 심방 등 목회자가 기도할 시간을 확보하지 못할 정도로 바빠졌다. 기도를 누구보다 많이 해야 할 목회자인 나조차도 기도보다 일이 많다.

목회자들 사이에서 새벽기도에 대한 부담감의 이야기가 나오며, 길선주 장로가 새벽기도를 시작해서 우리가 이렇게 힘들게 되었다고 투덜대는 소리를 들은 적이 있다. 그러나 그것은 틀린 말이다. 부흥의 시대에 새벽기도는 전 세계에서 일어난 자연현상이었다. 새벽기도를 한국에서만 한 것이 아니다.

영국의 브리스톨이라는 도시에 요한 웨슬리가 감리교를 처음 시작한 뉴룸이라는 교회가 있다. 탄광촌이었던 브리스톨의 광부들은 탄광으로 가기 전 새벽 5시에 교회에서 새벽기도를 드리고 일터로 나갔다.

뿐만 아니라 요한 웨슬리는 다음세대를 위해서 학교를 운영했는데, 모든 아이를 새벽 5시에 깨워서 찬물로 목욕하고 기도로 일과를 시작하게 하였다.

부흥의 세대와 고난의 세대는 동일하게 '기도하는 현상'을 공통분모로 가지고 있다.

적극적으로 기도의 나팔을 불라

교회를 개척했을 때부터 16년 동안 직장인 예배를 인도하는 곳이 있다. 회사의 대표이신 장로님께서 어느 날 예배 후에 나에게 물으셨다.

"한 목사님은 하루에 기도를 몇 시간 하십니까? 교회를 개척하고 시간이 넉넉할 텐데 더 많이 기도하셔야 합니다."

나는, "네, 장로님. 저는 새벽 4시쯤에 일어나서 새벽기도를 마치고 집에 들어오는 시간이 7시쯤 됩니다"라고 대답했다. 3시간은 족히 기도한다고 자랑하고 싶었던 것이다.

그러나 장로님은 영롱한 눈빛으로 나를 바라보시면서 이렇게 말씀하셨다.

"그건 기도가 아닙니다. 목사님은 새벽기도회를 인도한 것이지요. 설교하고 기도하고 차량 운행을 했으니 실제 자신을 위한 기도는 10분도 못 한 거네요."

낯이 뜨거웠다. 그러고 보니 나 자신을 위해서는 하루에 단 30분도 기도하지 못했던 것이 사실이었다.

"목사님, 목회자는 십자가 밑에 엎드려서 목회하는 겁니다. 머리에 가시관을 쓰신 주님을 묵상하면서 머릿속 세상 생각을 주님 머리의 그 가시관으로 찔러버리고, 손과 발이 못 박히신 예수님을 묵상하면서 손으로 발로 하고 싶은 것을 십자가에 못 박고, 주님 흘리신 핏방울만큼이나 땀을 흘리며 기도하셔야 합니다."

부끄러웠다. 그렇게 기도 생활을 하지 못했던 나 자신이 부끄러웠고, 장로님 앞에서 훈계를 듣고 있는 한 목회자로서 너무 많은 부족함과 초라함에 부끄러웠다. 하지만, 맑은 눈빛으로 사랑하는 아들에게 말씀하시듯이 전해주신 장로님의 말씀을, 나는 눈물을 주르륵 흘리며 마음으로 받았다.

목회자는 성도에게 세상에서의 영적인 잠수함 토끼와 같다. 눈이 빨개지고 귀가 빨개져서 산소가 부족하다는 것을 알려야 한다. 폐활량이 너무 좋아서 기도하지 않고도 버티게 되면, 성도들은 모두 기도 없음의 질식상태에서 죽음에 이르게 된다. 영혼의 잠수함에서 산소결핍으로 성도들을 죽게 할 수도 있다. 고난의 때에 기도하는 법을 적극적으로 나팔을 불어 알려야 한다.

고난 속에 담긴 보화

욥은 엘리바스, 빌닷, 소발과의 한차례 논쟁을 거쳐 13장으로 넘어오면서 친구들과의 대화를 통해서는 더이상 고난의 문제에 대한 해답을 찾을 수 없음을 발견한다.

욥은 대화의 대상을 바꾸기로 한다.

"나는 전능자에게 말씀하려 하며 하나님과 변론하려 하노라."

그는 이제 하나님께 말을 건다. 친구들과 나눈 무수한 말 백 마디보다 하나님께 호소할 수 있는 한 줄의 문장이면 된다.

욥기는 고난을 극복하는 방법을 알려주지는 않지만, 고난 가운데 욥이 취한 여러 태도를 통하여 우리에게 교훈한다.

욥기 13,14장에는 욥이 하나님께 호소하는 여러 모양의 기도가 기록되어 있다. 그는 친구들과 논쟁하려 하지 않고 하나님께 '변론(13:3,6,8,19)'하고 있다.

욥기를 통하여 고난에 대한 글을 읽으며, 분량이 너무 길고 많아서 궁금해했던 적이 많다. 고난이라고 하는 것이 보통 빨리 끝나지 않고 길기 때문이기도 할 것이다. 고난의 터널은 유난히 길고 빨리 끝나는 법이 없다. 그 긴 터널을 지나는 동안 터널 안에서 일어나는 모든 일들에 대한 기록이 욥기이다.

처음에 고난을 당하면 당장의 고난으로부터 벗어나기 위해 발버둥을 치며 여러 방법을 사용한다. 그러나 쉽게 해결되지 않는 고난의 문제에 낙심이 찾아올 즈음이면 가까이에서 기대고 위로받을 만한 대상을 찾게 된다. 그리고 사람을 의지하는 것이 의미가 없다고 여겨질 즈음에 비로소 하나님을 찾는다.

기도를 통하여 하나님 앞에 단독자로 존재하는 동안 그는 고난 속에 깊이 담겨 있는 보화를 하나둘 발견하게 된다.

많은 고난과 고통을 겪은 사람 중에 시인, 문학가, 작가가 아닌 사람이 없다. 신약 성경 저자 중에 고난을 많이 겪은 저자들이, 다른 저자들보다 그 내용이 훨씬 많다. 바울서신, 요한복음, 계시록과 같은 성경의 저자들은 성경의 다른 저자들보다 유난히 고난을 많이 겪은 저자들이다.

구약의 저자들도 예외가 아니다. 시편의 절반에 해당하는 다윗의 시는 대부분 고난과 관련된 시들이다. 예레미야, 이사야, 에스겔과 같은 선지자들 또한 유난히 고난이 많았다.

성경의 저자들은 고난을 겪는 동안 하나님의 말씀을 기록할 수 있는 영감을 얻은 듯하다. 고난은 깊은 탄식의 기도를 하는 동안 영감이 풍성한 저술가를 만들어내기도 한다.

고난의 기념물

욥의 친구들은 욥의 고난이 하나님을 향한 죄 때문이라고 단정 지었다. 욥이 당하는 고난은 하나님께서 내리는 형벌이라는 것이다. 그러나 욥은 자신이 당하는 고난의 이유를 하나님의 형벌에 두지 않았다. 그는 오히려 하나님께서 자신의 고난에 대하여 규례를 정하여 자기를 기억해주시기를 간청한다.

주는 나를 스올에 감추시며 주의 진노를 돌이키실 때까지 나를 숨기시고 나를 위하여 규례를 정하시고 나를 기억하옵소서 욥 14:13

'나를 기억하옵소서'라는 이 한 문장은 고난 가운데 있는 욥이 표현한 위대한 문장 중 하나이다. 히브리어의 '기억하다'(자카르)는 지식을 머릿속에 꼭꼭 저장한다는 의미가 아니다. 그 의미는 '언급하다, (이름을) 말하다'이다.

'말하다'가 '기억하다'를 의미하는 데는 깊은 의미가 있다. 이는 우리가 언어로 표현할 수 있는 어휘들이 모두 기억과 관련되어 있기 때문이다.

히브리어 '자카르'는 그 의미의 다양성만큼이나 다양한 파생어들이 있다. 먼저는 명사형으로 '제케르'(zeker)가 있다. 이 단어는 우리말로 '기억'이라고 번역할 수 있지만, 성경에서는 주로 '표호'(출 3:15), '기념명칭'(시 102:13), '기념칭호'(호 12:6), '자취'(시 34:17), '기념함'(에 9:28), '이름'(신 25:19) 등의 다양한 의미로 사용되었다.

이러한 번역의 공통점을 찾아보면 히브리어 '제케르'는 사람이 '기억해야 할 것들', 혹은 '기억 속에 전해져 온 것들'을 가리킨다. 독특하게 호세아 14장 8절에서는 이 단어를 '향기'로 번역하였다. 사람의 코에 향기의 여운이 남아있듯이 '제케르'는 우리의 기억 속에 향취처럼 오랫동안 묻어 있는 것을 말한다.

'제케르'와 거의 유사한 뜻의 명사 파생어가 '지크론'(zikron)이다. 이 단어도 개역 성경에서 주로 '기념'이라는 뜻으로 쓰였다. 다만 '제케르'는 주로 '이름', '기념함' 등과 같이 기억과 관련된 추상적 의미로 쓰인 반면에 '지크론'은 '기념물'(민 17:5), '기념품'(사 57:8), '기념보석'(출 28:12, 12:4), '격언'(욥 13:12) 등과 같이 기념이 될 만한 '물품'을 가리킨다.

욥은 자신의 고난의 흔적을 하나님의 기억, 기념물로 만들어 가고 있었다. 고난의 기념품을 만들어 하나님으로 기억하게 하는 것이다.

예수님께서 십자가에서 마지막으로 하신 말씀 중에 '나의 하나님 나의 하나님 어찌하여 나를 버리셨나이까?'라고 말씀하신 탄식과 욥이 말한 '나를 기억하옵소서'는 같은 의미이다.

예수님께서 십자가에서 나를 기억해달라고, 나의 고난을 기억의 기념물로 삼아 세상 모든 사람의 죄를 간과하시고 용서해달라는 의미다.

그래서 사도 바울은 다음과 같이 말했다.

이 후로는 누구든지 나를 괴롭게 하지 말라 내가 내 몸에 예수의 흔적을 지니고 있노라 갈 6:17

바울의 몸에 있는 고난의 흔적은 그리스도의 고난의 기억과 동일시된다. 욥은 자신이 당한 고난을 하나님의 기억으로 삼아, 다른 고난당하는 자들을 긍휼히 여겨달라는 기억의 흔적으로 요청하고 있다.

욥기 13장과 14장은 욥이 하나님께 자신의 고난을 기억해달라고 호소하는 고난의 일기장과 같다.

잔인한 홀로코스트가 횡행하던 시대에 강제수용소로 끌려가기 전, 안네 프랑크가 두려움에 떨며 기록했던 《안네의 일기》는 자신이 당한 고난에 대한 이야기로 끝나지 않고, 전쟁의 비참함과 당시 많은 사람이 당했던 고난을 기억하게 하는 아주 중요한 기념물이 된다. 그 책은 전 세계에 2차대전의 참상을 알릴 뿐 아니라 전쟁의 고통 가운데 있는 자들을 위로한다.

고난의 때에 영혼의 일기를 써보라

고난은 우리를 일깨워 기도의 자리로 이끈다. 그뿐만 아니라 깊은 탄식 가운데 드리는 기도는 하나님께서 우리를 기억하시는 기억의 기념물로 남는다. 그래서 고난 가운데 드리는 기도는 영혼의 일기장과 같다. 영혼의 일기장, 기도문을 만들어보라.

욥처럼 땅의 가장 의로운 자라 해도 고난은 피할 길이 없었다. 고난을 피하거나 극복할 수 있는 정답은 없다. 다만 고난의 때를 어떻게 보내야 하는가에 대한 많은 대화와 지혜에 대한 기록을 욥기에서 다루고 있다.

특히 욥기 13,14장은 우리에게 고난의 순간에 기도하라고 요청한다. 그리고 고난당할 때에 드리는 기도를 하나님이 기억하시도록 기록하고 있다. 고난의 순간을 하나님께서 기억하고 기념하도록 요청한다.

고난이 주는 영적 기상나팔 소리는 우리에게 기도의 자리로 나아가도록 잠든 영혼을 깨우고 나의 고난을 하나님 보좌 곁에 기념물로 삼아 기억하게 하는 영혼의 일기장으로 남게 될 것이다.

우리에게 있는 대제사장은 우리의 연약함을 동정하지 못하실 이가 아니요 모든 일에 우리와 똑같이 시험을 받으신 이로되 죄는 없으시니라

히 4:15

하나님은 우리가 기도 가운데 기록한 고난의 일기장을 보시면서 우리가 겪는 고난의 순간을 기억하여 공감하시고 위로해주실 것이다.

예레미야 33장 1-3절

1   예레미야가 아직 시위대 뜰에 갇혀 있을 때에
    여호와의 말씀이 그에게 두 번째로 임하니라 이르시되

2   일을 행하시는 여호와,
    그것을 만들며 성취하시는 여호와,
    그의 이름을 여호와라 하는 이가 이와 같이 이르시도다

3   너는 내게 부르짖으라
    내가 네게 응답하겠고
    네가 알지 못하는 크고 은밀한 일을 네게 보이리라

말씀을 암송할 때 말씀이신 하나님을 내 안에 모셔들이는 것입니다. 말씀을 암송할 때
하나님께만 집중할 수 있습니다. 고난이 변.나.명.용이 되는 은혜를 누려보세요.

1 / 고난은 기도의 자리로 부르는 하나님의 나팔 소리다.

여러 종류의 고난은 우리의 영혼을 깨워 하나님의 성품에 참여하게 하고, 기도의 자리로 나아가게 한다. 내가 선택할 수 있는 자유의지 중에서 가장 강력한 '하나님 선택권'이 바로 기도다. 고난은 타락하고 깨어진 우리의 자유의지를 돌이켜 '하나님 선택권'을 사용하도록 깨우는 영적 기상나팔 소리다.

2 / 고난의 시간에 기도로 깨어 있으라.

기도의 목적은 소원 성취가 아니다. 기도는 하나님 없이는 살 수 없다는 영혼의 호흡이다. 고통 가운데 있을 때 기도로 호흡하라. 영적인 호흡을 통해 하나님 앞에 생존 신고를 하라. 너무 고통스러워서 기도가 어렵다면 탄식도 괜찮다. 작은 신음도 하나님은 들으신다. 영혼의 일기를 기록으로 남기는 것도 좋다.

¹⁸ 땅아 내 피를 가리지 말라 나의 부르짖음이 쉴 자리를 잡지 못하게 하라 ¹⁹ 지금 나의 증인이 하늘에 계시고 나의 중보자가 높은 데 계시니라 ²⁰ 나의 친구는 나를 조롱하고 내 눈은 하나님을 향하여 눈물을 흘리니 ²¹ 사람과 하나님 사이에와 인자와 그 이웃 사이에 중재하시기를 원하노니 ²² 수년이 지나면 나는 돌아오지 못할 길로 갈 것임이니라

본질로 돌이키는
하나님의 나팔 소리

재난을 주는 위로자

고난의 자리에서 우리를 더 괴롭게 하는 소리가 있다. 고난 자체만도 고통인데, 가까운 사람의 찌르는 말들이 더 고통스럽게 한다. 때로는 가족이, 때로는 친구가 그렇지 않아도 힘든데 고통을 더한다. 그들에게 악의는 없을지 모르나, 그들의 말들은 위로가 아니라 가시가 되어 박히곤 한다.

욥이 고난당할 때 욥의 고난을 더 가중시킨 것은 욥을 둘러싸고 있는 세 친구의 공격하는 소리였을 것이다. 이와 비슷한 경험을 했던 다윗은 가까운 사람으로 인한 고통 앞에서 이런 기도를 드렸다.

나를 책망하는 자는 원수가 아니라 원수일진대 내가 참았으리라 나를 대하여 자기를 높이는 자는 나를 미워하는 자가 아니라 미워하는 자일

진대 내가 그를 피하여 숨었으리라 그는 곧 너로다 나의 동료, 나의 친구요 나의 가까운 친우로다 시 55:12,13

욥의 친구들은 범죄자들이 아니다. 악한 사람들도 아니다. 선하고 착한 사람들이다. 친구를 위로하러 먼 거리에서 왔으며, 율법을 잘 알고 하나님을 경외하는 사람들이다. 하지만 그들은 하나같이 자기만 옳다고 한다. 그리고 그 옳음을 강조하며 욥을 더 괴롭히고 있다.

욥의 고통이 가중되는 이유는, 자신을 이해해줄 법한 친구들마저도 자신에게 등을 돌리기 때문이며, 또 그 친구들이 하는 말이 틀린 말이 아니기 때문이다. 그렇기에 그는 더더욱 고통스럽다. 욥에게 필요한 것은 정의로운 말이 아니라 선한 말, 위로의 말이었다.

고난당하는 자에게 '정의로운 말'은 고난의 가중처벌 혹은 2차 가해라고 말할 수 있다. 욥은 지금 자신이 고난당하는 상황인 것 자체로도 힘들다. 그런데 가까이 있는 사람이, 비록 악의 없이 선하게 하는 말이라 할지라도, 그것이 욥을 더 고통스럽게 한다.

그래서 욥기 16,17장에서 욥의 고백은 온통 탄식과 한숨으로 가득하다. 이 두 장을 한마디로 말하면 '탄식'이다. 친구들을 향한, 하나님을 향한, 심지어는 불특정 대상을 향한, 허공을 향한 탄식과 울음으로 가득하다.

욥은 16,17장에서 왜 그렇게 탄식하고 한탄했을까? 바로 15장에서 엘리바스가 한 말들 때문이다. 엘리바스는 규범적이고 의로운 사람이다. 스스로와 타인에게 흠잡을 것이 없는 사람이다. 그런 엘리바스가 욥에게 재난을 주는 위로자로 등장하고 있다.

엘리바스는 그의 두 번째 연설에서 하나님은 정의로운 분(신정론)이시고 악인을 정당하게 심판하신다고 말한다. 따라서 욥은 정의로우신 하나님의 정당한 심판으로 벌을 받은 것이라고 말한 것이다.

이런 말은 내가 많이 들었나니 너희는 다 재난을 주는 위로자들이로구나 욥 16:2

욥은 엘리바스가 한 말을 듣고 "재난을 주는 위로자들"이라고 탄식했다.

욥과 친구들 사이에 고난을 두고 벌이는 논쟁은 오늘 우리에게 고난을 바라보는 여러 가지 해석을 제공하고 있다. 그것이 욥기의 목적이기도 할 것이다. 그러나 현장에서 욥이 겪는 고통을 잠시라도 생각해본다면, 이것은 욥에게는 더욱 고통스러운 일이 아닐 수 없다.

오늘 우리는 뉴스나 신문에서 세상의 고통당하는 현장에 대한 소식을 듣는다. 그리고 우리는 그런 뉴스들을 보는 동안 어느덧 자신도 모르게 엘리바스가 되어 있고, 빌닷이 되어 있고, 소발이 되어 있을지도 모른다.

15장에서 엘리바스는 1차전 때 이미 한번 논쟁을 한 경험이 있었고, 욥이 자기가 말한 대로 돌이켜 회개하지 않자 더욱 고조된 발언으로 강하게 욥을 질타한다.

그는 욥의 신앙 없음과 교만을 지적하였다. 그리고 거기에 사용된 어휘들은 몇 단어만 읽어봐도 불쾌감을 준다.

지혜로운 자가 어찌 헛된 지식으로 대답하겠느냐 어찌 동풍을 그의 복부에 채우겠느냐 어찌 도움이 되지 아니하는 이야기, 무익한 말로 변론하겠느냐 참으로 네가 하나님 경외하는 일을 그만두어 하나님 앞에 묵도하기를 그치게 하는구나 … 네가 제일 먼저 난 사람이냐 산들이 있기 전에 네가 출생하였느냐 욥 15:2-4,7

'네가 뭔데? 네가 도대체 뭔데? 너 같은게 도대체 뭐라고 이렇게 잘난척하느냐?'

이런 말이다. 욥은 실제로 당하는 고통보다 더 고통스러운 말을 듣고 있는 것이다.

우리가 고난 가운데 있을 때 그 고난을 더욱 고통스럽게 하는 것이 있다. 그것은 가까이 있는 사람들로부터 겪게 되는 분석, 해석, 정죄다. 그들은 위로하러 왔지만, 결코 위로가 되지 않는다. 오히려 우리의 고난을 분석하고 해석하며 정죄한다. 그들은 실로 재난을 주는 위로자들이다.

공감이 빠진 위로는 폭력이다

엘리바스는 욥이 얼마나 고통스러운지에 대해선 관심이 없다. 욥에게 공감하려는 노력도 보이지 않는다. 엘리바스와 세 친구는 욥에게 2차 가해자가 되었다. 욥이 겪고 있는 고통에 고통을 더하고 있다.

욥을 향한 엘리바스의 정죄를 읽어보면 엘리바스는 마치 자신이 하나님인 것처럼 전능자의 자리를 차지하고 있다. 우리가 사용하는 종교적인 언어는 마치 자신을 하나님의 전사, 혹은 하나님 자신으로 착각하게 만드는 위험이 있다. 마귀도 하나님의 말씀과 권위를 이용하여 예수 그리스도를 시험한 적이 있다(마 4:1-10).

하나님의 자리를 차지한 기독교인들이 되어서는 안 된다. 전문가 행세를 하면서 자신의 경험과 지식으로 타인의 고난을 해석하려 해서는 안 된다.

엘리바스는 심지어 자신의 나이와 경험까지 동원하여 욥을 짓눌러 괴롭혔다.

우리 중에는 머리가 흰 사람도 있고 연로한 사람도 있고 네 아버지보다 나이가 많은 사람도 있느니라 욥 15:10

대화 중에 "너 몇 살이야?"라며 나이를 물으면 그 대화는 이성적으로 진행되기 어렵다. 나이가 들어갈수록, '너 몇 살이야? 나이도 어린 것이'라고 말할 때가 생긴다. 엘리바스는 그렇게 나이로 욥을 짓누르고 있다. '나이도 어린것이 까불지 마라'라고 하는 것이다.

신앙과 관련된 언어, 종교적인 언어는 고난당하는 자들에게 유난히 폭력적으로 들릴 수 있다. '기도하자, 말씀 읽자, 봉사하자, 교회에 충성하자, 회개하자'와 같은 종교적 어휘들은 일상적인 신앙생활 속에서는 충분히 할 수 있는 말이지만, 고난당하는 당사자들에게는 폭력이 될 수도 있다. 전혀 위로가 되지 않기 때문이다. 재난을 주는 위로의 말이다. 위로가 아니라 재난이다.

욥과 친구의 이야기는 시간이 갈수록 종교적이지만 그 결과는 아주 폭력적이며 공격적이다.

함께해주는 위로가 필요하다

고난당하는 자에게 재난을 주는 위로가 아니라 함께하는 위로가 필요하다.

즐거워하는 자들과 함께 즐거워하고 우는 자들과 함께 울라 서로 마음
을 같이하며 높은 데 마음을 두지 말고 도리어 낮은 데 처하며 스스로
지혜 있는 체 하지 말라 롬 12:15,16

함께하는 것만으로도 위로가 된다. 고난당하는 자를 깨우는
기상나팔 소리는 큰소리, 바른 소리, 귀에 들리는 소리가 아니다.
함께 있어주는 무음의 소리다. 그 무음의 소리가 고난당하는 자
를 향한 하나님의 사랑을 보여주는 가장 위대한 소리다.

너의 하나님 여호와가 너의 가운데에 계시니 그는 구원을 베푸실 전능
자이시라 그가 너로 말미암아 기쁨을 이기지 못하시며 너를 잠잠히 사
랑하시며 너로 말미암아 즐거이 부르며 기뻐하시리라 하리라 습 3:17

엘리바스의 말은 모두 말은 맞는 말이지만 아프게 하는 말들뿐
이다. 타인을 아프게 하는 바른말은 재난이다.
비폭력대화로 유명한 마셜 B. 로젠버그의 저서, 《갈등의 세상에
서 평화를 말하다》의 부제는 "당신이 하는 다음 말이 당신의 세상
을 바꾼다"이다.
특히 고난 가운데 있는 사람들을 위한 말은 내용이 중요하지
않다. 그런 말들은 이미 많이 들었다고 욥이 말한다. 우리가 누군
가를 위로한다고 하는 말들은 어쩌면 당사자가 이미 다 알고 있

는 말일 수 있다.

이런 말은 내가 많이 들었나니 너희는 다 재난을 주는 위로자들이로
구나 욥 16:2

엘리바스가 욥에게 온 목적은 위로였지만 결과는 재난이 되는
말일 뿐이었다.

침묵의 소리가 가장 큰 위로를 준다

오늘 우리는 위로를 하고 있는가 재난을 주고 있는가를 생각해
보면 아무 말도 하지 않는 것이 가장 큰 위로가 된다는 것을 깨달
을 수 있다. 아무 말 대잔치가 아니라 무(無)말 대잔치여야 한다.
욥의 경우도 친구들이 의도한 바는 아니었지만, 결과적으로 그렇
게 되고 말았다. 무엇이 문제였을까?

사람들 사이에 오가는 수많은 말 중에는 뻔한 말인데 듣기 싫
은 말들이 많다.

그래도 입으로 너희를 강하게 하며 입술의 위로로 너희의 근심을 풀었
으리라 욥 16:5

욥은 친구들과 옳고 그름을 논쟁하고 싶은 게 아니었다. 그는 위로를 받고 싶었다.

고난이 우리를 부르는 영적 나팔 소리는 소리 없는 말이다. 곁에 함께 있어주는 것보다 강력한 소리는 없다.

고난당하는 자를 더 괴롭히는 효과적인 방법은 훈수를 두는 것이다. 목회자는 엘리바스의 영성을 갖기 쉽다. 세상을 판단하고, 정보를 제공하며, 원인을 분석하는 일이 설교의 중심이 되는 경우가 많다. 강단에서 자신도 못 지킬 말을 해야만 할 때가 많다. 그러다 보면 어느덧 자신이 말씀대로 사는 사람인 줄로 알고 착각한다.

잠잠한 침묵의 소리야말로 고난당하는 자를 위로하고 그들의 영혼을 깨우는 기상나팔 소리다.

미련한 자라도 잠잠하면 지혜로운 자로 여겨지고 그의 입술을 닫으면 슬기로운 자로 여겨지느니라 잠 17:28

욥은 친구들에게 고난의 짐을 나누어서 져달라고 부탁하는 것이 아니다. 고통을 대신 당해 달라고 요청하는 것도 아니다. 그저 같이 있는 것만으로도 욥에게는 큰 위로다. 멀리서 와서 7일 동안이나 함께 침묵하는 친구들인데, 얼마나 고마운가? 그 자체만으로도 위로가 되었을 것이다.

그러나 7일이 지나자 욥의 친구들이 본연의 모습을 드러낸다. 어마어마한 말들을 쏟아 놓는다. 친구가 맞나 싶은 정도이다. '친구니까 하는 말인데'라며 폭풍 같은 맹렬한 비난을 쏟아붓는다.

친구니까 해서는 안 되는 말들이 더 많다. 친구여서 편하다는 이유로 더더욱 해서는 안 될 말을 했을 때, 상처를 주거나 받은 경험이 훨씬 많을 것이다. 이런 말을 하는 사람들이 재난을 주는 위로자인 것이다.

가난한 사람에게 '억울하면 너도 열심히 일해서 부자가 되든가'라고 한다거나, 성적 나쁜 애들에게 '네가 공부를 안 해서 그렇다'라고 한다면, 그 말들은 사실이지만 위로는 아니라는 점을 알려주고 싶다. 그들은 재난을 주는 위로자다.

근원으로 돌아가자

고난은 우리로 하여금 근원으로 돌이키는 기상나팔 소리와 같다. 산에서 길을 잃어버리면 왔던 길로 돌아가야 한다. 그러다 보면 아는 길이 나온다. 또는 모르는 산에서 길을 잃어버렸을 때는 계곡보다는 능선을 따라 어떤 곳이든 정상을 향해 올라가야 한다. 그러면 길이 보인다.

현재 당하는 고난도 고통이지만, 고난 가운데 있으면 미래도 희망도 보이지 않는다. 그럴 때는 지나온 걸음을 되돌아보며 능선을 따라 영혼의 정상인 하나님께로 돌아가야 한다. 우리의 시선을 하나님께 집중해야 한다.

"Ad Fontes"(아드 폰테스, 근원으로 돌아가자)는 "성경으로 돌아가자"는 종교개혁자들의 구호다. 우리는 혼란스럽고 교회가 변질되는 상황이 닥칠 때마다 '아드 폰테스' 정신을 되새기며 기독교 신앙의 회복을 강조해 왔다.

고난은 우리가 근본으로 돌아가도록 우리 시선의 방향을 고정시켜 준다. 욥은 친구들과 대화를 하면 할수록 고통이 가중되었다. 하지만 욥은 대화가 진행될수록 그의 시선은 하나님께로 향하고 있었다. 욥의 대화는 후반으로 갈수록 친구들과의 논박을 짧게 끊고 곧장 돌아서서 하나님께로 향한다.

욥기 16장으로 접어들면서 욥은 이제 더 이상 친구들과 언쟁하려 하지 않는다. 그는 오히려 하나님께 집중한다. 우리가 재난을 주는 위로자보다 더 경계해야 할 것은 그런 사람들과 논쟁하는 동안 쌓이는 분노와 적개심이다. 욥이 친구들과의 대화에 깊이 빠져서 서로 옳음을 논쟁하려고만 했더라면 하나님을 만날 수 없었을 것이다. 분노가 치밀어 올라올 때, 욥은 신속하게 시선을 하나님께로 전환했다.

욥은 그런 적개심을 하나님 앞에서 해결하고 있다. 탄식하고 있다.

욥은 고난 가운데 시선을 하나님께로 돌린다. 욥기 16장 7-17절에서 그는 끊임없이 하나님을 찾고 있다. 탄식하면서 하나님을 찾는다.

욥기 16장 7-17절을 새번역 성경은 이렇게 말하고 있다.

주님께서 나를 기진맥진하게 하시고, 내가 거느리고 있던 자식들을 죽이셨습니다. 주님께서 나를 체포하시고, 주님께서 내 적이 되셨습니다. 내게 있는 것이라고는, 피골이 상접한 앙상한 모습뿐입니다. 이것이 바로 주님께서 나를 치신 증거입니다. 사람들은 피골이 상접한 내 모습을 보고, 내가 지은 죄로 내가 벌을 받았다고 합니다. 주님께서 내게 분노하시고, 나를 미워하시며, 내게 이를 가시며, 내 원수가 되셔서, 살기찬 눈초리로 나를 노려보시니, 사람들도 나를 경멸하는구나. 욕하며, 뺨을 치는구나. 모두 한패가 되어 내게 달려드는구나. 하나님이 나를 범법자에게 넘겨 버리시며, 나를 악한 자의 손아귀에 내맡기셨다. 나는 평안히 살고 있었는데, 하나님이 나를 으스러뜨리셨다. 내 목덜미를 잡고 내던져서, 나를 부스러뜨리셨다. 그가 나를 세우고 과녁을 삼으시니, 그가 쏜 화살들이 사방에서 나에게 날아든다. 그가 사정없이 내 허리를 뚫으시고, 내 내장을 땅에 쏟아 내신다. 그가 나를 갈기갈기 찢고 또 찢으시려고 용사처럼 내게 달려드신다. 내가 맨살에 베옷을 걸치고 통곡한다. 내 위세를 먼지 속에 묻고, 여기 이렇게 시궁창에 앉아 있다. 하도 울어서, 얼굴마저 핏빛이 되었고, 눈꺼풀에는 죽음의 그림자가 덮여 있다. 그러나 나는 폭행을 저지른 일이 없으며, 내 기도는 언제나 진실

하였다. 욥 16:7-17, 새번역

고난당할 때 우리는 모든 시선을 주님께로 돌려 하나님께 집중할 필요가 있다. 고통 그 자체도 힘들지만, 더 힘들게 하는 주변의 모든 소리를 끊고 하나님께 집중해야 한다.

욥은 완전 사면초가인 상황에서 그 누구에게서도 위로와 지지를 받지 못했다. 위로는커녕 재난을 주는 친구들뿐이었다. 하지만 욥은 지금, 재난을 주는 위로자를 뒤로하고 하나님께 향하고 있다.

메멘토 모리, 죽음을 기억하라

고난이 주는 가장 강력한 영적 기상나팔 소리는 '죽음을 기억하라'라는 말이다. 메멘토 모리는 "자신의 죽음을 기억하라" 또는 "너는 반드시 죽는다는 것을 기억하라"를 뜻하는 라틴어이다. 시토 수도회에서는 이 표현을 인사말 대신 사용하도록 했다고 한다. 중세 성화나 토굴에 보면 해골을 앞에 두고 기도하는 수도사들을 볼 수 있다. 자신의 죽음을 기억하라는 표현이다.

17장에서 욥은 친구들에게 절망하였고, 절망 속에서 죽음의 길을 찾을 정도로 나락에 떨어졌다. 마치 목숨을 포기한 것 같은 표현들이 가득하다. 그런 절망의 절절한 표현이 17장에 기록되어있다. 욥은 친구들에게서조차 위로받지 못하자 죽음에 이르는 절망을 호소하고 있다.

나의 기운이 쇠하였으며 나의 날이 다하였고 무덤이 나를 위하여 준비되었구나 욥 17:1

무덤에게 너는 내 아버지라, 구더기에게 너는 내 어머니, 내 자매라 할지라도 나의 희망이 어디 있으며 나의 희망을 누가 보겠느냐 우리가 흙 속에서 쉴 때에는 희망이 스올의 문으로 내려갈 뿐이니라 욥 17:14-16

죽을병에 걸렸다가 다시 살아난 사람, 사업을 하다가 완전히 망하고 다시 재기한 사람, 절망의 나락에 떨어졌다가 다시 일어선 사람은 삶에 대한 태도와 자세가 다르다.

고난은 우리의 끝이 어디쯤인지 기억하게 하면서 정신이 번쩍 들게 한다. 죽음을 묵상하는 사람은 생명의 소중함을 안다. 고난은 우리가 영원히 살지 못할 것이며, 언젠가는 죽음에 이르게 될 것이라는 각성을 하게 한다. 고난은 우리의 인생이 짧으며, 언젠가는 죽음을 맞이하게 되리라는 것을 깨우쳐주는 기상나팔 소리다.

우리는 영원히 살지 않는 것을 알면서도 마치 이 땅에서 영원히 살 것처럼, 영원히 살 수 있을 것 같다는 기대로 살아간다. 영원한 생명은 죽음을 통과하여 부활에 이르는 길밖에 없다. 죽음을 생각하는 자만이 영생을 소망할 수 있다. 죽음을 기억하며 영원에 이르도록 각성하게 하는 영혼의 나팔 소리가 고난이다.

예레미야 33장 1-3절

1 예레미야가 아직 시위대 뜰에 갇혀 있을 때에
   여호와의 말씀이 그에게 두 번째로 임하니라 이르시되

2 일을 행하시는 여호와,
   그것을 만들며 성취하시는 여호와,
   그의 이름을 여호와라 하는 이가 이와 같이 이르시도다

3 너는 내게 부르짖으라
   내가 네게 응답하겠고
   네가 알지 못하는 크고 은밀한 일을 네게 보이리라

말씀을 암송할 때 말씀이신 하나님을 내 안에 모셔들이는 것입니다. 말씀을 암송할 때
하나님께만 집중할 수 있습니다. 고난이 변.나.명.용이 되는 은혜를 누려보세요.

1/ 고난당하는 자를 향한 공감이 없으면 재난을 주는 위로자가 된다.

고난당하는 자를 향한 공감 없는 위로와 조언은 오히려 폭력이 된
다. 욥의 친구들은 악의 없이 욥을 위하는 마음으로 그를 위로하
고 온갖 조언을 했다. 그러나 그들은 저마다 자기만 옳다고 여겼
으며, 그 결과 욥을 오히려 더 괴롭게 했다. '재난을 주는 위로자'가
되어버린 것이다. 고난당하는 자에게는 말이 필요없다. 그저 함께
해주며 그 고통에 동참하는 침묵이 위로가 된다.

2/ 고난은 근원으로 돌이키는 기상나팔 소리가 된다.

산에서 길을 잃어버리면 왔던 길로 돌아가야 한다. 또 모르는 산
에서 길을 잃어버리면 능선을 따라 정상으로 올라가야 한다. 그러
면 길이 보인다. 고통 중에 있으면 미래도, 희망도 보이지 않는다.
그럴 때는 능선을 따라 영혼의 정상인 하나님께로 돌아가야 한다.
우리의 시선을 오직 하나님께 집중해야 한다. 고난은 우리의 근원
인 하나님께로 돌이키게 하는 하나님의 기상나팔 소리다.

¹³ 나의 형제들이 나를 멀리 떠나게 하시니 나를 아는 모든 사람이 내게 낯선 사람이 되었구나 ¹⁴ 내 친척은 나를 버렸으며 가까운 친지들은 나를 잊었구나 ¹⁵ 내 집에 머물러 사는 자와 내 여종들은 나를 낯선 사람으로 여기니 내가 그들 앞에서 타국 사람이 되었구나 … ²² 너희가 어찌하여 하나님처럼 나를 박해하느냐 내 살로도 부족하냐 ²³ 나의 말이 곧 기록되었으면, 책에 씌어졌으면, ²⁴ 철필과 납으로 영원히 돌에 새겨졌으면 좋겠노라 ²⁵ 내가 알기에는 나의 대속자가 살아 계시니 마침내 그가 땅 위에 서실 것이라 ²⁶ 내 가죽이 벗김을 당한 뒤에도 내가 육체 밖에서 하나님을 보리라 ²⁷ 내가 그를 보리니 내 눈으로 그를 보기를 낯선 사람처럼 하지 않을 것이라 내 마음이 초조하구나 ²⁸ 너희가 만일 이르기를 우리가 그를 어떻게 칠까 하며 또 이르기를 일의 뿌리가 그에게 있다 할진대 ²⁹ 너희는 칼을 두려워 할지니라 분노는 칼의 형벌을 부르나니 너희가 심판장이 있는 줄을 알게 되리라

예수 믿어서 받게 되는 고난에 대하여

의사들은 환자를 치료할 때, 치료과정에서 생길 수 있는 최악의 상황을 빠짐없이 설명한다. 그것이 비록 단 1퍼센트의 확률이라 할지라도 말이다. 그러면 환자들은 그 낮은 확률의 최악의 상황 때문에 상당히 두려워하고 긴장한다. 그럼에도 불구하고 의사는 치료과정을 긍정적으로만 설명하는 법이 없다. 만에 하나 최악의 경우를 당하게 되면, 설명해주지 않은 불상사에 대한 책임이 그만큼 크기 때문이다.

하지만 교회에서는 어떤가? 예수님을 믿고 구원을 받아서 천국에 가는 것이 당연하다. 당연히 전해주어야 한다. 하지만 예수님을 믿는다는 이유로 받을 고난에 대해서는, 그 확률이 매우 높음에도 불구하고 안내해주기를 꺼린다.

예수님을 믿음으로 죄에서 자유함을 얻고 천국 백성이 되는 것은 그야말로 진정한 해방이고, 기쁨이고, 좋은 일이다. 하지만 예수 믿는다고 이 땅에서의 삶이 좋은 일만 있는가? 고통도 없고 질병도 없고, 고난도 없고 모든 일이 형통하게 잘되기만 하는가?

예수님은 자기를 따르는 수많은 사람을 뒤로하고 산에 오르셔서 제자들을 가르치셨다.

나로 말미암아 너희를 욕하고 박해하고 거짓으로 너희를 거슬러 모든 악한 말을 할 때에는 너희에게 복이 있나니 기뻐하고 즐거워하라 하늘에서 너희의 상이 큼이라 너희 전에 있던 선지자들도 이같이 박해하였느니라 마 5:11,12

사도 바울도 다음과 같이 권면했다.

제자들의 마음을 굳게 하여 이 믿음에 머물러 있으라 권하고 또 우리가 하나님의 나라에 들어가려면 많은 환난을 겪어야 할 것이라 하고 행 14:22

자녀이면 또한 상속자 곧 하나님의 상속자요 그리스도와 함께 한 상속자니 우리가 그와 함께 영광을 받기 위하여 고난도 함께 받아야 할 것이니라 롬 8:17

너무나 분명한 권면이 성경에 기록되어 있지만, 오늘날 교회가 성도들에게 전하는 복음에는 고난에 대한 이야기가 빠져 있다. 예수님을 믿으면 삶의 모든 문제가 해결되고 형통한 삶이 시작된다고만 말한다. 전도용 전단지에도 "예수 믿고 불행 끝 행복 시작"이라고 쓰여 있다.

그러나 이것은 반쪽짜리 진리다. "예수님을 만나면 예수님처럼 고난을 겪습니다. 고생스럽지만 예수님을 따라 사는 삶이 천국 가는 삶입니다"라고 소개해주어야 솔직한 것 아닌가.

주님도 자기로 말미암아 제자들이 욕을 당하고 박해받고 고난당할 것이라고 예고하셨다. 그리스도와 함께 고난받는 믿음, 그리스도의 남은 고난을 내 몸에 채우는 믿음, 복음과 함께 고난을 받는 믿음이 영원한 생명이 보장된 신앙생활이다.

고난의 문제를 해결하고 견디는 데 신앙의 힘은 아주 크게 작용한다. 하지만 동시에, 예수님을 믿기 때문에 고난이 오기도 하고, 고난 중에 신실하게 하나님을 바라보는데도 삶의 무게는 점점 더 무거워지기도 한다.

위로자가 원수가 되다

욥의 상황이 그렇다. 욥은 하나님의 자랑이었다. 하나님이 사탄에게도 자랑하던 사람이다. 온전하고 정직하여 하나님을 경외하고 악에서 떠난 사람이었던 자인데, 그런 욥이 욥기 2장에서부터 몰락한다. 재산을 한순간에 잃어버리고, 자식과 가족들도 잃어버리며, 몸에 병까지 났다. 그리고 그나마 위로가 되었던 세 친구조차도 등을 돌린다. 한술 더 떠 눈을 부릅뜨고 손가락질하며 욥을 정죄한다.

욥의 친구들은 욥의 고난을 위로하러 왔으나 재난을 주는 위로자였다. 그들은 욥의 고난을 분석하고, 해석하고, 정죄하며, 자기 의를 드러내느라 정작 욥의 아픔은 외면했다.

욥기 18장은 수아 사람 빌닷의 두 번째 연설이다. 처음에 빌닷은 부드러운 말로 욥을 위로하고, 잘못한 것이 없는지 잘 돌아보며 회개하라고 권면했다. 그러나 그는 자기 말을 제대로 받아들이지 않는 욥에게 크게 분노한다.

어찌하여 우리를 짐승으로 여기며 부정하게 보느냐 욥 18:3

빌닷은 욥에게 '우리가 짐승으로 보이느냐? 우리를 무시하느냐? 우리가 부정하게 보이느냐? 그러는 너는 깨끗하고 고결하냐?'라고 말하며 화를 낸다. 팔을 걷어붙이고 멱살까지 잡을 기세다.

욥을 위로하던 친구들이 이제는 자신의 의로움으로 욥을 비난하기 시작한다. 빌닷을 포함한 욥의 세 친구는 욥에게 선을 그으며 '너'와 '우리'로 구분 짓고 있다.

빌닷은 욥기 8장에서 공의의 하나님이 욥을 징벌했을지라도 지금이라도 회개하면 하나님께서 돌이키사 시작은 미약하나 나중은 창대하리라고 말했던 사람이다. 그러나 18장에 와서는 더욱 강하게 악인이 받을 심판의 메시지를 전하며, 옳다고 믿는 자신의 생각을 욥이 받아들이지 않자 분노하며 욥을 정죄한다.

너희가 어느 때에 가서 말의 끝을 맺겠느냐 깨달으라 그 후에야 우리가 말하리라 욥 18:2

한마디로 입 닫으라는 말이다. 욥의 세 친구는 욥을 위로하러 왔으나 시간이 지날수록 욥의 머리 꼭대기에 올라서서 욥을 지배하고 조종하려고 한다. 시키는 대로 하면 된다고 말하면서 자신들의 지식과 경험, 정보를 총동원하여 욥을 정죄한다.

그런 상황에서 욥은 또 한 번의 고난의 시간을 보내며 영적 기상나팔 소리를 듣게 된다. 욥은 이제 더 이상 친구들에게서 위로조차 받을 수 없다. 그뿐만 아니라 친구들로부터 오히려 모진 말을 들으며 처참하게 파괴당하고 있다. 이제 욥의 곁에 있던 친구들은 욥의 마음을 괴롭히고 짓부수는 원수가 되었다.

너희가 내 마음을 괴롭히며 말로 나를 짓부수기를 어느 때까지 하겠느냐 욥 19:2

욥은 자신의 고통을 독백하듯이 쏟아낸다.

내가 폭행을 당한다고 부르짖으나 응답이 없고 도움을 간구하였으나
정의가 없구나 그가 내 길을 막아 지나가지 못하게 하시고 내 앞길에
어둠을 두셨으며 나의 영광을 거두어가시며 나의 관모를 머리에서 벗
기시고 사면으로 나를 헐으시니 나는 죽었구나 내 희망을 나무 뽑듯
뽑으시고 나를 향하여 진노하시고 원수 같이 보시는구나 그 군대가
일제히 나아와서 길을 돋우고 나를 치며 내 장막을 둘러 진을 쳤구나
욥 19:7-12

의지할 대상에 대한 각성

'세상에 믿을 놈 하나도 없다'라는 말을 알아도, 지푸라기라도
잡는 심정으로 손에 잡히는 대로 뭐라도 잡고 싶을 때가 있다. 그
러나 그래서는 안 된다. 고난은 시야를 좁게 만들어서 쉽사리 주
변 사람을 의지하고 괴로움을 토로하며 위로를 삼고 싶게 만든다.
하지만 그러면 그럴수록 더 고통스러운 경험을 하게 될 뿐이다.

약자를 대상으로 더 나쁜 일이 계속 일어난다. 사춘기에 길에서
배회하는 청소년들에게 나쁜 사람들이 더 많이 엮이는 이유가 그
와 같다. 주변 사람들이 베푸는 따뜻한 말이 마냥 좋아 보이고,
가까이 다가오는 사람들의 호의가 고맙게 느껴지기만 한다. 지금

당장 외롭고 괴로운 마음에 위로가 되기 때문이다. 그래서 악한 사람들이 내미는 손도 덥석 잡고 돌이키지 못할 길로 가는 경우도 많다.

욥도 처음엔 자신을 위로하러 온 친구들이 고마웠다.

> 눈을 들어 멀리 보매 그가 욥인 줄 알기 어렵게 되었으므로 그들이 일제히 소리 질러 울며 각각 자기의 겉옷을 찢고 하늘을 향하여 티끌을 날려 자기 머리에 뿌리고 밤낮 칠 일 동안 그와 함께 땅에 앉았으나 욥의 고통이 심함을 보므로 그에게 한마디도 말하는 자가 없었더라
>
> 욥 2:12,13

티끌을 날려 자기 머리에 뿌리고 밤낮 칠 일을 함께 있어준 친구들이 얼마나 고마웠겠는가? 아내마저 하나님을 저주하고 떠나버렸는데, 멀리서 찾아와 고난에 동참해주는 친구들이니 얼마나 고마운 친구들인가.

그러나 대화가 거듭되면 거듭될수록, 욥은 새로운 깨달음을 얻게 된다. 고난을 당할 때 주변 사람은 크게 도움이 되지 못한다는 사실이다. 시간이 지날수록 곁에 있는 사람들로부터 외면당하면서 더 비참해질 뿐이다.

살다 보면 끝까지 의리를 지켜줄 사람이 가까이에 많이 없다. 욥은 형제, 친지, 심지어 집에 머물러 사는 종들에게까지 외면당했

다. 더 나아가 욥의 아내는 욥의 숨결조차 싫다고 했다. 어린아이들에게도 업신여김을 당하고, 친구들에게조차 미움받으며 비쩍 말라버린 자신을 욥은 이렇게 표현한다.

나의 형제들이 나를 멀리 떠나게 하시니 나를 아는 모든 사람이 내게 낯선 사람이 되었구나 내 친척은 나를 버렸으며 가까운 친지들은 나를 잊었구나 내 집에 머물러 사는 자와 내 여종들은 나를 낯선 사람으로 여기니 내가 그들 앞에서 타국 사람이 되었구나 내가 내 종을 불러도 대답하지 아니하니 내 입으로 그에게 간청하여야 하겠구나 내 아내도 내 숨결을 싫어하며 내 허리의 자식들도 나를 가련하게 여기는구나 어린아이들까지도 나를 업신여기고 내가 일어나면 나를 조롱하는구나 나의 가까운 친구들이 나를 미워하며 내가 사랑하는 사람들이 돌이켜 나의 원수가 되었구나 내 피부와 살이 뼈에 붙었고 남은 것은 겨우 잇몸 뿐이로구나 나의 친구야 너희는 나를 불쌍히 여겨다오 나를 불쌍히 여겨다오 하나님의 손이 나를 치셨구나 너희가 어찌하여 하나님처럼 나를 박해하느냐 내 살로도 부족하냐 욥 19:13-22

고난은 우리가 의지해야 할 대상은 사람이 아니라는 것을 깨우쳐준다. 극심한 고난 가운데 비로소 깨닫게 되는 것은 진정한 인간관계에 대한 인식이다.

연예인들에게 '대중의 인기'는 존재 이유와도 같다. 사람들이 환호하며 박수를 보낼 때는 자신이 살아 있는 것 같고, 존재가치가 있는 것 같다. 하지만 어느새 인기가 사라지고 아무도 알아주지 않을 때, 스스로를 비참하게 여긴다. 대중에게 잊히면 끝이라는 생각 때문에 괴로워하며 일상으로 돌아가기가 어렵다.

고난이 우리를 일깨워주는 영적 기상나팔 소리는, 고난의 때에 사람으로부터 위로를 받으려고 해서는 안 된다는 것이다. 스마트폰을 만지작거리며 누구에게라도 하소연하고 싶고, 누구에게라도 연락이 오기만을 기다려서는 안 된다. 고난이 깊어지면 깊어질수록 의지해야 할 대상은 선명해진다.

어느새 사람을 의지했던 목회

교회를 개척하여 17년간 목회하면서 많은 일을 겪었다. 힘든 일도 많았지만, 그럼에도 불구하고 하나님께서는 언제나 선하게 인도해주셨다.

최근에는 교회 이전을 계획하고 진행하는 과정에서 큰 어려움을 겪었다. 많은 성도들이 교회 이전을 반대했고, 급기야 교회를 떠나기 시작했다. 가족 같은 성도들이었고 서로 너무 믿었기 때문에 서로를 향한 상한 마음을 걷잡을 수 없었다.

목회가 끝난 것 같았다. 그러던 어느 날 시내에 있는 한 교회의 장로님 두 분이 방문하셨다. 그 교회의 담임목회자를 청빙하기 위해 기도하는 중이라고 하셨다. 그 두 분 장로님은 우리 교회의 사정을 들으시고 오래 기도한 후에 나를 찾아오셨다고 했다. 장로님은 내게 이렇게 말씀하셨다.

"목사님, 언제까지 이렇게 울고만 계시겠습니까? 이제 그만 우시지요."

장로님의 말씀에 얼마나 눈물을 많이 흘렸는지 모른다. 눈물을 닦아주시겠다는 뜻이었다. 새로운 교회에 가서 뜻을 마음껏 펼쳐보라는 도전과 꿈을 심어주셨다.

그 교회를 익히 알고 있던 나는 마음이 움직였다. 이미 그 교회에 부임하는 상상을 하고 있었는지도 모르겠다. 아내를 포함한 주변 목사님들도 모두 긍정적이었다. 말씀암송 자녀교육뿐만 아니라 다음세대를 위해 잘 준비된 교회였으며, 규모도 제법 컸다. 그 교회에서 목회하면 앞으로 꿈꾸던 303비전말씀암송자녀교육이 펼쳐지는 데 큰 동력을 얻을 수 있을 것 같았다.

그날 밤에 엠마오교회 장로님들과 함께 이 문제를 놓고 진지하게 대화를 나누었다. 장로님들은 눈물을 흘리면서 "우리가 목사님을 잘 도와드리지 못해서 면목이 없습니다. 목사님이 그 교회에 부임하시면 훨씬 뜻을 잘 펼칠 수 있으실 테니, 우리가 보내드리는 게 맞습니다"라고 말씀하시며 흐느끼셨다.

밤새 머릿속으로 새로운 교회에서의 목회를 구상하고 꿈꾸며 다소 들뜬 시간을 보냈던 것 같다. 그러나 이튿날 새벽예배 후에 기도하는데, 천둥 같은 주님의 음성이 들리는 게 아닌가?

'한 목사! 내가 크냐, 그 교회가 크냐?'

내가 의지하는 것이 교회의 규모였다는 말씀에 화들짝 놀라 부끄러움을 감출 수 없었다. 교회의 규모가 목회의 뜻을 펼쳐나갈 때 큰 역할을 하는 것은 사실이다. 하지만 당시 주님은 내가 진심으로 의지하는 것이 무엇인지를 되돌아보게 하셨다.

나는 얼른 정신을 차리고 회개한 뒤에 그 교회의 장로님께 연락을 드렸다. 비록 엠마오교회에 어려움이 있고, 교회를 이전하는 과정에서 성도들이 많이 떠났지만, 우리 하나님이 더 크신 분이고 하나님께서 주신 뜻을 이루기 위해 엠마오교회에 남아야겠다고 말이다.

장로님들의 방문에 저는 이틀간 눈물로 감사와 감격의 시간을 보냈습니다. "목사님 이제 그만 우세요"라는 장로님의 말씀에 눈물샘이 완전히 터져버려서, 이틀간 울면서 감격의 시간을 보냈습니다. 저의 마음속에 켜켜이 쌓였던 그동안의 외로움과 설움을 품어주셔서 진심으로 감사드립니다.

OO교회를 두고 이틀간 고민하고 기도했습니다. 너무 감사하고 반가운 초청이어서 감격했습니다. 그러나 엠마오교회의 이전을 위한 계약을 코앞에 두고 있는 시점에, 재정적으로도 무척 어려운 순간을 보내고 있을 때 주신 귀한 제안인지라, 저는 이것이 하나님의 계획인지 아닌지 귀를 기울이지 않을 수가 없었습니다.

저는 비록 부족하고 미약하지만 엠마오교회에 남아서 OO교회의 부흥을 위해 기도하며 중보하겠습니다. 아울러 두 분 장로님이 베풀어주신 사랑에 보답하는 마음으로 지금 섬기는 엠마오교회에서 최선을 다하겠습니다.

장로님, 엠마오교회도 OO교회의 형제교회이며 지교회인 것처럼 함께 기도해주실 거죠? 두 교회가 한 마음을 품는다면 대구는 훨씬 빠르게 부흥의 도시가 될 줄 믿습니다. 저는 이미 대구를 품었으니 OO교회와 뜻을 함께한다고 여기셔도 됩니다. 다음에 또다시 뵙게 되기를 기도합니다.

나의 긴 문자를 받으신 장로님께 이런 답장이 왔다.

목사님, 고맙고 감사합니다. 오늘 새벽 설교에서 목사님의 마음을 읽었습니다. 참 귀하고 보석 같은 목사님이 대구에 계신 것이 자랑스럽고 기쁘네요.

엠마오교회와 추후 진행되는 교회 이전을 위해서 기도로 계속 응원할게요. 편한 마음으로 이쪽으로 한번 오세요. 맛있는 식사 하며 남자들끼리 수다 한 번 떨어요.

한창수 바리스타 핸드드립 커피 다시 먹으러 갈게요. 목사님 사랑하고 존경합니다~♡ 한창수 목사 멋있다^^

맨 끝에 덧붙여주신 "한창수 목사 멋있다"라는 말이 하나님께서 주시는 위로의 말씀 같았다. 이렇듯 고난은 우리로 하여금 진짜 의지해야 할 대상이 누구인지 알도록 각성하게 해주는 기상나팔 소리다.

십자가를 각성하게 하는 영적 나팔 소리

마가복음 5장에 열두 해를 혈루병으로 앓던 여인에 대한 내용이 기록되어 있다.

이 여인에게 의원은 유일하게 기댈 곳이었다.

열두 해를 혈루증으로 앓아 온 한 여자가 있어 많은 의사에게 많은 괴로움을 받았고 가진 것도 다 허비하였으되 아무 효험이 없고 도리어 더 중하여졌던 차에 막 5:25,26

의사는 여인의 괴로움을 덜어줄 유일한 희망이었지만, 결과적으로는 괴로움을 더했고, 가진 것마저 다 허비하게 했다. 더 나아가 사회로부터 부정한 여인으로 외면당하기까지 하였다.

이제 이 여인이 붙들어야 할 사람과 옷자락은 선명해진다. 극심한 고난 가운데 지푸라기가 아니라 예수님의 옷자락을 붙들 믿음이 생긴 것이다.

예수께서 이르시되 딸아 네 믿음이 너를 구원하였으니 평안히 가라 네 병에서 놓여 건강할지어다 막 5:34

고난 중에 있을 때 아무 사람이나 붙들면 안 된다. 헛된 신앙의 대상을 찾아서도 안 된다. 성도에게 마지막으로 남은 유일한 지푸라기는 우리의 구속자이신 그리스도의 십자가밖에 없다.

욥은 고난이 깊어지는 가운데 대속자이신 주님을 바라보게 되었다.

내가 알기에는 나의 대속자가 살아 계시니 마침내 그가 땅 위에 서실 것이라 욥 19:25

'대속자'는 고대사회에 형제가 가난하게 되었을 때 그의 어려움을 구해줄 가장 가까운 친족을 의미한다. 고대 근동 사회에서 형제가 가난하게 되거나 가난하여 빚을 지거나 땅을 팔거나 심지어 죄를 지었을 때, 가까운 친족이 그에 대하여 책임지는 제도를 말한다.

가까운 친족, 형제, 가족, 아내, 친구들까지 모두 외면했을 때, 욥의 최종적인 대속자는 누구인가? 친족도 가족도 친구도 아니다. 욥은 자신의 구속자는 주님이시라고 고백한다. 우리의 구속자(Redeemer)는 예수 그리스도이시다. 십자가를 바라보게 하는 유일한 단어가 여기에 기록되어 있다. 욥기에 단 한 번 등장하는 이 단어는 '대속자'라는 표현이다. 욥은 하나님께 고난받는다고 생각했지만, 시간이 지날수록 그는 하나님께 더 매달리겠다고 고백하고 있다.

고난당할 때 하나님께서 버리셨거나 저주하셨다고 생각하기 쉽다. 그래서 하나님이 아닌 다른 주변의 사람들과 상황에 의지하려고 하기도 한다. 그러나 고난이 깊어질수록 메시지는 더 선명해진다. 더 절박하게 주님께 매달리라는 메시지가 그 속에 담겨 있다. 우리는 힘든 고난의 때일수록 더 간절하게, 더 절박하게 십자가를 붙들어야 한다.

인생이 고난을 당할 때 고통당하는 자를 도울 분은 하나님밖에 없다. 우리는 하나님께 대하여 더 절박해야 한다. 고난의 순간에 잠시 위로가 되는 주변 사람들은 금방 욥의 친구들처럼 돌변하게 될 것이다. 긴 병에 효자가 없듯이, 긴 고난에 친구도 없다. 고난은 철저히 하나님 앞에 단독자로 서게 된다.

고난이 깊어질수록 십자가로 향하라

욥은 고통의 시간을 보내면서 억울함을 친구들에게 호소해봤지만, 돌아오는 것은 정죄와 상실감, 배신감뿐이었다. 친구들은 욥의 입을 틀어막고, 모든 잘못을 욥에게 씌우려고 했다.

'이 고난은 너의 자업자득이다. 하나님이 무슨 잘못이 있으신가? 다 네가 무언가 죄를 지어서 그런 것이다. 나이도 어린 것이, 내가 시키는 대로 지금이라도 회개하라.'

욥기 1,2장에서 살펴본 것처럼 욥의 고난은 하나님의 허락으로부터 나왔다. 사탄이 욥을 괴롭혔다. 그러나 시간이 지날수록, 사탄보다도 욥의 친구들이 말로 욥을 더 괴롭힌다. 결국 욥은 고난의 시작점인 하나님을 찾으며 '나의 대속자'(진정한 친족, 고엘)를 찾고 있다.

고난의 정도가 깊어지면 깊어질수록, 세상의 의지가 끊어지면 끊어질수록 고난이 우리 영혼에게 선명하게 들려주는 기상나팔 소리는 십자가로 향하라는 메시지다. "천부여 의지 없어도 손들고 옵니다"라는 찬송 가사처럼, 쫓겨날지라도 매달릴 곳은 주님밖에 없다는 절박함이 유일한 희망이 된다. 맞아 죽어도 주님 품에서 죽겠다는 것이 바로 신앙이다.

영원한 생명에 대한 각성을 부르는 영적 나팔 소리

고난의 끝이 인생의 끝은 아니다. 대부분의 사람은 고난을 당하면 죽음을 생각한다. 그래서 작은 고난과 고통에도 우리는 죽음을 생각하곤 한다. 하지만 욥은 한 걸음 더 나아간다. 그는 죽음 이후를 생각한다. 그리스도인에게 고난은, 그들을 죽음이라는 끝으로 몰고 가지 않는다. 죽음으로 끝나지 않는다. 죽음을 넘어 영생을 생각하게 된다. 성도에게 고난은, 고난의 시간이 끝난 후에 경험하게 될 영원한 생명에 대한 종말론적인 관심을 갖게 한다.

욥은 사는 동안 고난이 있어도, 가죽 벗김을 당하여도, 죽음이 끝난 후에도 자신이 육체 밖에서 하나님을 볼 줄을 확신한다.

내 가죽이 벗김을 당한 뒤에도 내가 육체 밖에서 하나님을 보리라 내가 그를 보리니 내 눈으로 그를 보기를 낯선 사람처럼 하지 않을 것이라 내 마음이 초조하구나 욥 19:26,27

"내가 육체 밖에서 하나님을 보리라 내가 그를 보리니 내 눈으로 그를 보기를"이라고 한다. 그는 죽어도 하나님을 만날 것에 대한 확신을 한다.

요즘은 잘 부르지 않는 찬송이지만, 어린 시절 교회에서 매주 빠지지 않고 불렀던 찬송 중에 〈하나님의 나팔 소리〉라는 찬송이 있다. "나팔 불 때 나의 이름 나팔 불 때 나의 이름 나팔 불 때 나의 이름 부를 때에 잔치 참여하겠네"라는 가사의 후렴구를 부를 때면 정말로 고난과 죽음이 다 끝난 후에 주님이 나팔 불며 재림하시는 날이 곧 다가올 것 같았다. 주님이 다시 오셔서 우리의 이름을 불러주실 날을 기다리던 선조들의 신앙과 기도를 떠올려본다.

욥은 육신의 장막을 벗을 때 하나님을 볼 것에 대한 확신을 가졌다. 이처럼 우리가 고난을 당한다고 생각할 때, 그게 끝이 아니다. 그게 끝이라고 생각하는 사람들은 고난과 더불어 죽음을 생각한다. 그러나 성도에게 고난은 그다음이 있다. 반드시 있다.

고난이 있다면 영광도 있고, 죽음이 있다면 부활도 있으며, 고통으로 부르짖는 소리가 있다면 마지막 날 나팔 불 때 크게 내 이름을 부르는 소리도 있다.

생각하건대 현재의 고난은 장차 우리에게 나타날 영광과 비교할 수 없도다 … 그 바라는 것은 피조물도 썩어짐의 종 노릇 한 데서 해방되어 하나님의 자녀들의 영광의 자유에 이르는 것이니라 롬 8:18,21

그러니 고난이 끝이라고 생각하지 말고, 장차 받을 영광을 생각하자.

예레미야 33장 1-3절

1 예레미야가 아직 시위대 뜰에 갇혀 있을 때에
   여호와의 말씀이 그에게 두 번째로 임하니라 이르시되

2 일을 행하시는 여호와,
   그것을 만들며 성취하시는 여호와,
   그의 이름을 여호와라 하는 이가 이와 같이 이르시도다

3 너는 내게 부르짖으라
   내가 네게 응답하겠고
   네가 알지 못하는 크고 은밀한 일을 네게 보이리라

말씀을 암송할 때 말씀이신 하나님을 내 안에 모셔들이는 것입니다. 말씀을 암송할 때
하나님께만 집중할 수 있습니다. 고난이 변.나.명.용이 되는 은혜를 누려보세요.

1/ 고난은 하나님만 의지하도록 한다.

고난은 우리가 의지해야 할 대상은 사람이 아니라는 사실을 깨우쳐준다. 고난 속에서 진정한 인간관계의 깊이를 인식하게 되는 것이다. 고난의 때에 사람으로부터 위로를 받으려고 해서는 안 된다. 고난이 깊어질수록 누구를 의지해야 하는지, 그 대상이 분명해진다. 고난은 우리가 진정 의지할 대상은 하나님밖에 없음을 알려주는 영적 기상나팔 소리다.

2/ 고난은 십자가를 각성하게 한다.

고난당할 때 우리는 하나님이 버리셨다고 생각하기 쉽다. 그래서 하나님이 아닌 주변의 사람에게 의지하려고 하기도 한다. 그러나 고난이 깊어질수록 우리는 더 절박하게 그리스도의 십자가를 붙들어야 한다. 고난 중에 성도에게 남은 유일한 지푸라기는 우리의 구속자이신 그리스도의 십자가밖에 없다.

PART 3

고난은
하나님의 명품 만들기

¹ 욥이 대답하여 이르되 ² 오늘도 내게 반항하는 마음과 근심이 있나니 내가 받는 재앙이 탄식보다 무거움이라 ³ 내가 어찌하면 하나님을 발견하고 그의 처소에 나아가랴 ⁴ 어찌하면 그 앞에서 내가 호소하며 변론할 말을 내 입에 채우고 ⁵ 내게 대답하시는 말씀을 내가 알며 내게 이르시는 것을 내가 깨달으랴 ⁶ 그가 큰 권능을 가지시고 나와 더불어 다투시겠느냐 아니로다 도리어 내 말을 들으시리라 ⁷ 거기서는 정직한 자가 그와 변론할 수 있은즉 내가 심판자에게서 영원히 벗어나리라 ⁸ 그런데 내가 앞으로 가도 그가 아니 계시고 뒤로 가도 보이지 아니하며 ⁹ 그가 왼쪽에서 일하시나 내가 만날 수 없고 그가 오른쪽으로 돌이키시나 뵈올 수 없구나 ¹⁰ 그러나 내가 가는 길을 그가 아시나니 그가 나를 단련하신 후에는 내가 순금같이 되어 나오리라

고난 속에서 빚어지는
명품 신앙

고난의 순간, 해석하지 말고 견뎌라

고난을 바라거나 사모하는 사람은 아무도 없다. 고생 끝에 행복이 온다거나 젊어서 고생은 사서도 한다고 하지만, 누구도 고난당하는 것을 기꺼이 받아들이고 싶지는 않다. 버티다 보니 극복한 것이지, 고난과 고생을 적극적으로 환영하고 받아들이는 사람은 없다.

아무리 고난이 변장하고 오는 축복이라 할지라도, 고난이란 포장지는 누구도 뜯고 싶지 않다. 고난은 그 자체로 아주 힘들다. 다만 버티고 있을 뿐이다. 더욱이 그 고통의 시간이 대부분 너무 길고 지루하기 때문에 견디지 못하고 낙심하고 포기하는 경우도 많다.

현재 겪고 있거나 진행 중인 고난은 해석하는 것이 아니다. 당사자는 어떻게든 견뎌야 하고, 가까이 있는 성도들은 어떻게든 손을 잡아 그 아픔에 동참해야 한다. 그것이 현재 진행 중인 고난에 우리가 할 수 있는 유일한 대응이다.

고난은 고난이 끝나고 난 후에야 비로소 그 의미를 해석할 수 있다. 지금 가까이에 고난당하는 사람이 있다면, 그 고난을 해석하려 하거나 극복하는 방법을 알려주려고 하지 말고, 그저 함께 있어주면 된다. 도울 수 있으면 적극적으로 도와서 일단 이 순간이 지나기까지 함께 해주면 된다.

고난의 시간이 지나고 나면 비로소 깨닫게 되는 것이, 고난이 내게 유익이라는 사실이다.

> 고난당한 것이 내게 유익이라 이로 말미암아 내가 주의 율례들을 배우게 되었나이다 시 119:71

고난당하는 동안은 정말 이해하기 어렵겠지만, 모든 고난은 그 순간이 지나고 나서 얻게 되는 유익이 훨씬 크다.

고난에 숨겨진 의미들이 틀림없이 많이 있을 것이다. 욥기 3장부터 37장까지 나오는 길고 지루한 욥과 친구들과의 대화는 고난에 대한 해석들의 총체라고 볼 수 있다. 하지만 그 누구도 개인이 겪는 고난을 정확하게 해석하고 극복하도록 명확히 이끌어줄 수는 없다. 욥기가 길게 기록된 이유가 그 때문이다. 명쾌한 답이 없기 때문이다.

우리는 이 책에서 '변나명용'이라는 고난의 네 가지 큰 주제를 가지고 살펴보고 있는데, 고난을 바라보는 또 하나의 관점이 '명'이다. 고난은 하나님께서 우리를 명품으로 빚어가시는 과정이란 뜻이다. 하나님은 '고난'이라는 연장을 사용하셔서 우리를 거룩한 명품으로 만드는 장인이시다.

고난당한 자를 죄인으로 몰지 말라

욥기 22장부터 욥과 세 친구의 세 번째 토론이 시작된다. 엘리바스는 자신의 신앙과 신학으로 욥의 고난을 해석하고 있다. 엘리바스의 신학에서 하나님은 결코 경건한 사람에게 이런 고난을 주시지 않는 분이다.

그렇다면 고난당한 욥이 죄인이 되어야만 하나님이 의로우신 것이므로, 욥은 죄인이 되어야 했다. 엘리바스는 그래서 더 구체적인 죄악을 열거하면서 스스로 당당할 수 없는 욥을 심문한다.

네 악이 크지 아니하냐 네 죄악이 끝이 없느니라 까닭 없이 형제를 볼모로 잡으며 헐벗은 자의 의복을 벗기며 목마른 자에게 물을 마시게 하지 아니하며 주린 자에게 음식을 주지 아니하였구나 권세 있는 자는 토지를 얻고 존귀한 자는 거기에서 사는구나 너는 과부를 빈손으로 돌려보내며 고아의 팔을 꺾는구나 욥 22:5-9

엘리바스는 마치 오랫동안 자료를 수집한 수사관처럼 준비된 정보와 자료를 가지고 욥을 몰아세운다.

"욥, 너는 형제를 볼모로 잡았고, 헐벗은 자의 의복을 벗겼으며, 목마른 자에게 물을 마시게 하지 아니했고, 주린 자에게 음식을 주지 않았다. 과부를 빈손으로 돌려보내고 고아의 팔을 꺾었기 때문에 지금의 고난을 당하는 것이다!"

엘리바스는 욥이 스스로 잘못을 실토하게 하려고 고문하듯이 심문하고 쥐어짜서, 숨 막힌 질문을 하고 있다. 엘리바스는 하나님이 옳기 때문에 욥이 틀려야 한다는 정의의 화신이 되어 욥을 몰아세운다.

형법에는 무죄추정(無罪推定)의 원칙이 있다. 이는, 재판에서 최종적으로 유죄라고 판정된 자만이 범죄인이라 불려야 하며, 단지 피의자나 피고인이 된 것만으로는 범죄인으로 단정할 수 없다는 원칙을 말한다.

심증이 아무리 확실해도 증거가 불충분하면 유죄가 될 수 없다. 혐의만 가지고는 유죄를 판별 지을 수 없다는 의미다. 그런데 엘리바스는 증거도 없이 욥을 죄인으로 단정 짓고 몰아세우고 있다. 엘리바스의 신학 안에서는 욥이 잘못이 없다면 이렇게 고통을 당할 리가 없기 때문이다. 마른하늘에 비가 내릴 수 없다는 것이다.

22장에 나오는 엘리바스의 말을 읽고 있으면 엘리바스가 참 똑똑하고 똑 부러진 사람이라는 생각이 든다. 자신이 이런 말을 하는 동안 엘리바스는 스스로를 고결하고 정의로운 사람으로 견고하게 믿고 있었을 것이다. 우리는 누군가를 판단할 때 스스로 의로운 사람이 되는 듯한 착각에 빠지기 쉽다.

실패를 모르고 열심히 살며 성공적인 삶을 사는 사람들이 특히 엘리바스가 될 가능성이 높다. 엘리바스의 정신에 따르면, 사람이 고통당하는 것은 자신이 실력이 없고, 무능하고, 잘못된 선택을 하기 때문이다. 게으르고 무능하기 때문에 가난해지는 것이라고 판단하고, 모든 일은 자업자득이라고 여기는 사람이 오늘날의 엘리바스다.

명품 신앙의 검증

엘리바스에 의하면 지금 욥의 고난은 자업자득이다. 무언가를 잘못했기 때문에 이렇게 고통당하고 있는 것이다. 엘리바스가 보기에 욥은 초라한 고집불통이며, 심지어 못됐다.

이런 엘리바스의 비난에 욥은 너무 억울하고 속상해서 그 마음을 하나님께 호소한다.

내가 어찌하면 하나님을 발견하고 그의 처소에 나아가랴 어찌하면 그 앞에서 내가 호소하며 변론할 말을 내 입에 채우고 욥 23:3,4

욥은 억울했다. 그 억울함을 가지고 '하나님 어떻게 좀 해주세요'라고 호소하고 있는 것이다.

그러나 하나님은 이미 1장에서부터 욥에 대한 평가를 최상으로 내리셨다.

여호와께서 사탄에게 이르시되 네가 내 종 욥을 주의하여 보았느냐 그와 같이 온전하고 정직하여 하나님을 경외하며 악에서 떠난 자는 세상에 없느니라 욥 1:8

이제 남은 것은 욥의 가치를 입증하는 것이다. 고난을 통해 1장에서 말한 '온전하고 정직한 명품 신앙'을 검증하는 것이다. 그 과정은 아주 치열했으며 따라서 성경에 기록된 내용도 매우 길다.

하나님께서는 사탄을 통해 욥을 시험에 빠뜨린 궁극적인 이유를 욥기 1,2장에서 독자에게 설명해주셨다. 다만 독자만 알 뿐이다. 정작 욥은 이 상황을 모른다. 그리고 곁에 있던 그 똑똑하고 잘난 친구들도 하나님의 뜻을 알 수가 없다. 그들은 모르면서 말만 많다.

하나님은 처음부터 욥의 믿음과 정직이 자랑스러우셨다. 그래서 사탄에게 욥에 대해 자랑하셨다. 그것으로 욥의 고난이 시작된 것이나 다름 없다. 사탄은 전공을 살려서 하나님과 욥을 이간질하고, 욥을 향한 하나님의 신뢰와 하나님을 향한 욥의 믿음을 흔들기 시작한다. 그 과정에서 욥은 말로 다 할 수 없는 극심한 고난에 처하게 되었다.

욥은 이미 하나님께 신앙에 있어서 명품 신앙으로 인정받았으나, 검증의 시간이 필요했다. 고난은 욥의 신앙이 명품 신앙이라는 것을 검증하는 방편이 되었다.

욥은 23장에 이르러서야 자신이 가는 길이 하나님의 계획 속에 있음을 발견하게 된다.

그러나 내가 가는 길을 그가 아시나니 그가 나를 단련하신 후에는 내가 순금같이 되어 나오리라 욥 23:10

순금은 희소가치가 있어서 귀하고 비싸다. 명품도 마찬가지 의미다. 고난은 우리 인생을 값지게 할 뿐만 아니라 고귀하게 한다. 그래서 고난은 하나님의 명품 만들기다.

정체성이 흔들릴 때 하나님을 찾아라

그런데 10절 말씀을 새번역 성경으로 보자.

하나님은 내가 발 한 번 옮기는 것을 다 알고 계실 터이니, 나를 시험해 보시면 내게 흠이 없다는 것을 아실 수 있으련만! 욥 23:10, 새번역

뉘앙스가 개역개정 성경과 조금 다르다. 고난을 통해 순금같이 나온다는 의미보다 하나님이 다 아시기 때문에 나를 온전하고 정확하게 판단하시는 분은 오직 하나님이시라는 의미가 강조되어 있다.

욥은 오직 하나님 앞에서 의롭다 함을 입겠다는 의지를 고백하고 있다. 누구도 욥을 알아주지 않을 때 유일하게 욥을 알아봐주는 분은 하나님이시다.

고난과 고통의 순간에는 자신에 대한 이해와 해석이 달라진다. 자아 정체성이 흔들린다. 하나님께 버림받은 것은 아닌지 의심이 들고, 믿음이 흔들리기도 한다. 더욱이 욥의 세 친구가 욥을 정죄하고 있는 상황에서, 욥은 하나님께 버림받았다고 생각할 수도 있었다. 고통이 더 심해지는 지점이다.

하지만 이때, 욥은 하나님을 찾는다.

그런데 내가 앞으로 가도 그가 아니 계시고 뒤로 가도 보이지 아니하며 그가 왼쪽에서 일하시나 내가 만날 수 없고 그가 오른쪽으로 돌이키시나 뵈올 수 없구나 욥 23:8,9

하나님이 어디 계신지 앞으로도 가보고, 뒤로도 가보고, 그분이 일하시는지 왼쪽으로도 돌아보고, 오른쪽으로도 돌이켜 하나님을 보려고 하지만, 볼 수 없다고 한탄한다. 그가 계속 하나님을 찾은 건, 하나님 앞에서만 자신이 바로 판단 받을 수 있기 때문이다. 하나님만이 욥의 중심과 가치를 정확하게 아시기 때문이다.

고난이라는 인고의 시간이 욥을 순금으로 만든 것이 아니라, 원래 순금이었던 욥이 자신의 가치에 대한 평가를 하나님 앞에서 받겠다는 의미다.

앞에서 언급했듯이, 하나님은 이미 욥을 인정하고 있었다.

그와 같이 온전하고 정직하여 하나님을 경외하며 악에서 떠난 자는 세상에 없느니라 욥 1:8

고난이 욥을 단련하여서 순금같이 되는 것이 아니라, 욥은 원래부터 순금이었다. 하나님의 자녀들도 마찬가지다. 하나님이 우리를 불량품으로 만드신 것이 아니다. 처음부터 하나님의 자녀들은 존귀한 자로 사랑받기 위하여 태어났다.

사람들은 우리의 고난에 대해, 마치 우리에게 죄가 있어서 또는 실력이 없고 무능해서 고난을 당하는 것처럼 여기기도 한다. 그래서 우리 자신도 고통의 순간에는 하나님께 버림받은 것 같은 설움과 정체성의 혼란을 느끼기도 한다.

그런데 욥은 고난의 긴 터널을 통과하며 칠흑 같은 어두움 속에서 자신을 발견하게 된다. 친구들과의 대화를 통해 비로소 자신의 정체성에 대한 확신을 가지고 하나님 앞에서 다시 판단 받으려고 하는 것이다. 하나님 앞에서 자신의 존재가치가 얼마나 고결한지 더듬어 찾아온 길이 고난의 길이었다.

처음부터 귀한 존재였다

초등학교 5학년 때 모교회의 권사님이 마태복음 6장을 읽어주시면서 나를 손가락으로 콕 짚으시며 하신 말씀을 잊을 수가 없다. 그 말씀이 오늘의 나를 만들었다고 해도 과언이 아니다.

공중의 새를 보라 심지도 않고 거두지도 않고 창고에 모아들이지도 아니하되 너희 하늘 아버지께서 기르시나니 너희는 이것들보다 귀하지 아니하냐 마 6:26

"창수 너는 이것들보다 귀하지 아니하냐!"
나는 그날 내가 아주 귀한 존재라는 사실에 감격하였다. 하나님의 자녀는 주어진 환경으로 인해 그 존재가치가 바뀌지 않는다. 원래 귀한 존재였던 것이다!
욥은 하나님께만 자신의 존재가치를 판단 받고자 하였다. 오직 하나님만이 내가 어떤 존재인지 아신다는 것이다. 고난을 통해 하나님 앞에 서게 되면 하나님의 시선으로 보는 자아를 비로소 깨닫게 된다.

야곱아 너를 창조하신 여호와께서 지금 말씀하시느니라 이스라엘아 너를 지으신 이가 말씀하시느니라 너는 두려워하지 말라 내가 너를 구속하였고 내가 너를 지명하여 불렀나니 너는 내 것이라 네가 물 가운데로 지날 때에 내가 너와 함께 할 것이라 강을 건널 때에 물이 너를 침몰하지 못할 것이며 네가 불 가운데로 지날 때에 타지도 아니할 것이요 불꽃이 너를 사르지도 못하리니 대저 나는 여호와 네 하나님이요 이스라엘의 거룩한 이요 네 구원자임이라 내가 애굽을 너의 속량물로, 구스와 스바를 너를 대신하여 주었노라 사 43:1-3

욥은 자기를 지으신 하나님만이 자신을 온전히 알 수 있다고 믿게 되었고, 그때부터는 전심으로 하나님만 찾는다.

고난당할 때 사람은 유난히 자기 비하를 심하게 하고, 죄책감에 시달리게 된다. 그리스도 예수 안에서는 결코 정죄함이 없다는 것을 알면서도 고난을 당하면 스스로를 정죄하고 타인을 정죄하게 된다. 그럴 때 하나님 앞에 나가야 자신의 존재를 비로소 온전하게 발견할 수 있다.

그러므로 이제 그리스도 예수 안에 있는 자에게는 결코 정죄함이 없나니 롬 8:1

욥은 원래 순금이었는데 인생에 묻은 고난의 오물 때문에 그 가치가 훼손되었다. 그래서 하나님 앞에서 깨끗하게 되어 그 안에 감추어진 순금의 가치를 발견하고자 하는 것이다. 고난의 오물이 묻어서 금인지 쇳덩어리인지 돌인지 구별을 못 하고 있던 욥은, 하나님을 만남으로써 진정한 가치를 확인하고 싶었다. 골동품은 전문가가 봐야 그 값어치를 알 수 있지 않던가.

우리 인생이 땅에 흙으로 오염되어 평가 절하될 즈음에 하나님이 우리의 값을 제대로 매겨주시는 것이 바로 '명품 만들기'의 의미다. 그래서 욥은 자신이 신음하며 누워 있는 공간에서 전후좌우, 동서남북을 둘러보며 하나님을 찾고 있다.

하나님만이 내 값어치를 아신다. 오늘 우리가 고통스러울 때, 인생의 의미를 해석해야 할 때, 스스로 해석하지 말고 하나님 앞에서 가치를 평가받자.

들어 올리시는 하나님

나는 참포도나무요 내 아버지는 농부라 무릇 내게 붙어 있어 열매를 맺지 아니하는 가지는 아버지께서 그것을 제거해 버리시고 무릇 열매를 맺는 가지는 더 열매를 맺게 하려 하여 그것을 깨끗하게 하시느니라

요 15:1-2

여기서 '제거해 버린다'라는 의미로 사용된 헬라어 '아이로'는 '들어 올린다'(to raise to a higher place or position, lift up)라는 의미다. 즉 포도나무 가지를 들어 올려 열매 맺지 못하는 요소를 제거해 버린다는 의미다. 가지를 제거해버렸다는 말이 아니라, 가지가 자라지 못하도록 방해하는 불필요한 오물과 오염을 제거했다는 것이다.

고대사회에서 포도 농사를 지으려 하면, 덩굴 같은 포도나무 가지를 지탱할 수 있는 지주나 철사가 부족했기에 땅바닥에 늘어진 포도 가지와 잎들이 있다. 이런 나뭇가지와 잎은 태양 빛을 제대로 보지 못하고 흙먼지에 뒤덮여 있기 때문에 열매를 맺지 못한다. 그래서 농부는 이런 포도나무 가지를 들어올려 햇볕을 잘 받도록 하고, 잎은 먼지를 닦아서 양분이 잘 공급되도록 해주었다.

고난은 잎에 묻은 오물을 닦아 제거하고, 바닥에 드리워진 가지를 들어 올리는 작업이다. 나뭇가지 입장에서는 고통이고 고난이다. 땅바닥에 떡하니 누워 있으면 편한데 말이다. 그러나 이 과정을 통하여 포도나무 가지는 당도 높은 열매를 맺게 된다.

고난은 원래 명품이었던 우리 인생의 먼지를 제거하여, 그 가치를 다시 발견하는 과정이다.

사도 베드로는 흩어져 고난 가운데 있는 성도들에게 너희는 왕 같은 제사장이라고 하였다.

그러나 너희는 택하신 족속이요 왕 같은 제사장들이요 거룩한 나라요 그의 소유가 된 백성이니 이는 너희를 어두운 데서 불러 내어 그의 기이한 빛에 들어가게 하신 이의 아름다운 덕을 선포하게 하려 하심이라 벧전 2:9

사도 바울은 우리를 하나님의 자녀라고 말하면서 우리는 고난 받지만, 우리의 신분은 하나님의 상속자로, 하나님의 자녀의 영광을 누릴 것을 분명히 해주고 있다.

자녀이면 또한 상속자 곧 하나님의 상속자요 그리스도와 함께 한 상속자니 우리가 그와 함께 영광을 받기 위하여 고난도 함께 받아야 할 것이니라 롬 8:17

나는 청소년 설교를 할 때 만 원짜리 지폐를 자주 들고 간다. 신권 만 원짜리와 구겨지고 찢긴 만 원짜리를 들고 가서 그 둘을 비교하게 한다. 만 원짜리가 구겨졌다고 해서 그 값어치가 떨어지는 것은 아니다. 설령 땅바닥에 떨어져 있는 만 원짜리라고 해도 결코 쓰레기 취급받지 않는다.

우리 인생이 그렇다. 세상의 기준으로 보면 참 볼품없고, 값어치 없고, 못생겼고, 못 배웠으며 심지어 가진 것도 없다. 그럼에도 불구하고 우리를 만드신 하나님 앞에 서야 비로소 우리 인생의 가치를 제대로 평가받게 되는 것이다.

누가 우리를 그리스도의 사랑에서 끊으리요 환난이나 곤고나 박해나 기근이나 적신이나 위험이나 칼이랴 기록된 바 우리가 종일 주를 위하여 죽임을 당하게 되며 도살 당할 양같이 여김을 받았나이다 함과 같으니라 그러나 이 모든 일에 우리를 사랑하시는 이로 말미암아 우리가 넉넉히 이기느니라 내가 확신하노니 사망이나 생명이나 천사들이나 권세자들이나 현재 일이나 장래 일이나 능력이나 높음이나 깊음이나 다른 어떤 피조물이라도 우리를 우리 주 그리스도 예수 안에 있는 하나님의 사랑에서 끊을 수 없으리라 롬 8:35-39

앞으로 뒤로 다니며 하나님을 찾아 발견하려는 이유는, 그 앞에서 내 자아를 비로소 평가받을 수 있기 때문이다. 고난당할 때 힘을 다해 주님 앞으로 나아가자! 그분만이 우리를 온전히 알고 계시며, 우리의 삶에 묻은 불순물을 제거하여 순금으로 나아오게 한다.

시편 40편 1-3절

1   내가 여호와를 기다리고 기다렸더니
     귀를 기울이사 나의 부르짖음을 들으셨도다

2   나를 기가 막힐 웅덩이와 수렁에서 끌어올리시고
     내 발을 반석 위에 두사
     내 걸음을 견고하게 하셨도다

3   새 노래 곧 우리 하나님께 올릴 찬송을
     내 입에 두셨으니
     많은 사람이 보고 두려워하여
     여호와를 의지하리로다

말씀을 암송할 때 말씀이신 하나님을 내 안에 모셔들이는 것입니다. 말씀을 암송할 때
하나님께만 집중할 수 있습니다. 고난이 변.나.명.용이 되는 은혜를 누려보세요.

1 / 고난을 해석하거나 분석하지 말고 견뎌라.

고난의 의미는 그 고난이 끝난 뒤에야 해석할 수 있다. 현재 진행 중인 고난은 해석하고 의미를 찾을 게 아니라 그 고난이 끝나도록 견뎌야 하고, 주변 사람들은 그와 함께 그 고통을 나누며 그 고난에 동참해야 한다.

2 / 고난은 명품 신앙을 검증하는 방편이다.

욥은 처음부터 하나님께 신앙을 인정받았다. 이제 그 신앙의 검증이 필요했다. 고난은 욥의 신앙이 명품 신앙이라는 것을 검증하는 방편이 되었다. 고난을 통해 자아정체성이 흔들리자 욥은 하나님을 찾았다. 하나님만이 그의 진정한 가치를 알고 계신 분이기 때문이다. 우리도 고난 속에서 정체성이 흔들린다면, 다른 곳으로 눈을 돌리지 말고 하나님을 찾자. 힘을 다해 주님 앞으로 나아가자.

¹ 어찌하여 전능자는 때를 정해 놓지 아니하셨는고 그를 아는 자들이 그의 날을 보지 못하는고 ² 어떤 사람은 땅의 경계표를 옮기며 양 떼를 빼앗아 기르며 ³ 고아의 나귀를 몰아 가며 과부의 소를 볼모 잡으며 ⁴ 가난한 자를 길에서 몰아내나니 세상에서 학대 받는 자가 다 스스로 숨는구나 ⁵ 그들은 거친 광야의 들나귀 같아서 나가서 일하며 먹을 것을 부지런히 구하니 빈 들이 그들의 자식을 위하여 그에게 음식을 내는구나 ⁶ 밭에서 남의 꼴을 베며 악인이 남겨 둔 포도를 따며 ⁷ 의복이 없어 벗은 몸으로 밤을 지내며 추위도 덮을 것이 없으며 ⁸ 산중에서 만난 소나기에 젖으며 가릴 것이 없어 바위를 안고 있느니라 ⁹ 어떤 사람은 고아를 어머니의 품에서 빼앗으며 가난한 자의 옷을 볼모 잡으므로 ¹⁰ 그들이 옷이 없어 벌거벗고 다니며 곡식 이삭을 나르나 굶주리고 ¹¹ 그 사람들의 담 사이에서 기름을 짜며 목말라 하면서 술 틀을 밟느니라 ¹² 성 중에서 죽어가는 사람들이 신음하며 상한 자가 부르짖으나 하나님이 그들의 참상을 보지 아니하시느니라

시야의 확대

욥은 극심한 고통 가운데, 해결되지 않고 극복할 수 없는 고통의 문제를 친구들에게 정죄당하고 분석 당하는데 지쳐 있다. 더이상 기댈 곳도 없게 된 욥은 하나님을 간절히 찾는다. 하나님 앞에서야 비로소 자신의 존재와 가치를 발견할 수 있을 것 같았다. 그래서 그는 앞으로 뒤로, 좌로 우로 행하며 하나님을 간절히 찾는다.

고통 가운데 있는 대부분의 사람이 느끼는 자신의 정체성과 효능감은 '쓸데없다'라는 것이다. 스스로 자책하고 비하하고 비난하면서 생을 저주하고 거부한다. 심지어 자신을 낳은 부모조차도 원망스럽다. 나만 없어지면 모든 고통이 끝날 것 같다.

그러나 욥기에서 욥은 자신의 결백과 억울함을 하나님 앞에 가야 비로소 온전하게 밝힐 수 있음을 호소하였다. 욥기 23장에서 욥은 자신을 알아주는 유일한 존재는 하나님이심을 고백했다.

그러나 내가 가는 길을 그가 아시나니 그가 나를 단련하신 후에는 내가 순금같이 되어 나오리라 욥 23:10

고난은 우리의 값을 훼손시키는 것처럼 자신을 평가 절하하게 한다. 하지만 하나님 앞에 서면 그 안에 감추인 보배로운 자아를 발견하는 기회가 된다. 하나님 앞에까지 나아가는 길이 고난이고 고통일 수 있다. 그러나 하나님 앞에 가야만 비로소 자신의 가치와 소중함을 발견하게 된다.

욥기 23장에서 욥은 하나님 앞에서 자기 내면에 숨겨진 가치를 평가받길 기도했다. 이제 24장에서는 욥의 시선이 한층 더 확대되어 이웃과 주변 환경을 향한 가치를 발견하게 된다.

23장까지만 해도 욥과 곁에 있는 친구들은 욥의 고통에만 주목했다. 고난당할 때는 자연스럽게 이기적으로 된다. 자신의 고난밖에 보이지 않는다. 이 세상에서 단 한 사람, 나만 억울하게 고통과 고난 가운데 놓였다고 억울함을 호소한다. 그랬던 욥이 이제는 하나님의 평가 속에 숨겨진 순금 같은 자신의 가치를 깨닫고, 그 시선의 각도가 달라진다.

24장에서 욥은, 자기처럼 고난받는 타인들에 대해 말한다. 이제 그의 눈에 고난받는 이웃이 보이기 시작한다. 집과 가축을 빼앗긴 사람들, 빚을 갚지 못해 팔리는 사람들, 너무 가난해서 자신의 권리조차 누리지 못하는 사람들, 악착같이 일해도 부당한 대우를 받고 정당한 임금을 받지 못하는 사람들, 돈 없고 힘 없어서 아무도 하소연을 들어주지 않는 사람들이 그의 눈에 들어온다.

어떤 사람은 땅의 경계표를 옮기며 양 떼를 빼앗아 기르며 고아의 나 귀를 몰아 가며 과부의 소를 볼모 잡으며 가난한 자를 길에서 몰아내 나니 세상에서 학대 받는 자가 다 스스로 숨는구나 그들은 거친 광야 의 들나귀 같아서 나가서 일하며 먹을 것을 부지런히 구하니 빈 들이 그들의 자식을 위하여 그에게 음식을 내는구나 밭에서 남의 꼴을 베며 악인이 남겨 둔 포도를 따며 의복이 없어 벗은 몸으로 밤을 지내며 추 워도 덮을 것이 없으며 산중에서 만난 소나기에 젖으며 가릴 것이 없 어 바위를 안고 있느니라 어떤 사람은 고아를 어머니의 품에서 빼앗으 며 가난한 자의 옷을 볼모 잡으므로 그들이 옷이 없어 벌거벗고 다니 며 곡식 이삭을 나르나 굶주리고 그 사람들의 담 사이에서 기름을 짜 며 목말라 하면서 술 틀을 밟느니라 성 중에서 죽어가는 사람들이 신 음하며 상한 자가 부르짖으나 하나님이 그들의 참상을 보지 아니하시 느니라 욥 24:2-12

고난이 시작되면 자신의 고통에 매몰되어 주변을 살펴볼 여유 가 없다. 특히 원인도 이유도 알지 못할 때, 왜 나에게만 이런 고난 이 있는지 이해할 수가 없다. 그러다 고난의 시간이 더 길어지면, 저마다의 사연과 상처로 몸부림치는 사람들, 나와 비슷한 처지의 사람들이 눈에 들어오면서 동병상련이 생긴다. 아마 그때가 고통의 연대기가 끝나는 시점일 것이다.

욥은 극심한 고난 가운데 있는 주변 사람들을 살펴보면서, 자신이 겪고 있는 고통이 허다한 사람들의 고통과 별반 다르지 않음을 깨닫는다. 자신의 고통을 그렇게 자세하게 묘사하던 욥이, 이제는 절벽 끝에 서 있는 주변 사람들의 모습을 자세하게 설명한다.

고난에 대한 성숙한 시각을 갖게 되다

고통이 개인의 문제일 뿐 아니라 이 세상 모두의 문제임을 발견하는 순간, 욥은 고난에 대하여 비로소 성숙한 시각을 갖게 된다.

자신의 고통을 경험함으로 타인의 고통에 공감하는 사람은 그것을 바라보는 눈빛이 다르다. 공감의 눈빛과 젖은 눈망울, 아무에게서나 볼 수 없는 눈빛이다. 고난 가운데 있는 사람이 자신의 고난을 넘어 타인의 고난에 동참하고 공감하게 될 때, 예수님의 눈높이를 알게 된다.

예수님의 시선은 타인의 고난에 그 눈높이를 같이한다. 십자가에 못 박히신 예수님은 극심한 고통 가운데 고개를 돌려 좌우에 매달린 강도들에게 시선을 향하셨다. 고난의 눈높이는 예수님의 눈높이이다.

《상처 입은 치유자》로 잘 알려진 헨리 나우웬(Henri Nouwen)은

'자신의 고통에 함몰되지 않고 타인의 고통에 공감하며 그 고통에 연대할 때, 그는 고난을 통과한다'라고 말했다. '고난받는 다른 사람을 내 고난으로 돕는 자가 되라'라는 것이다. 눈을 들어 좌우를 살피며 다른 고난당하는 자들과 눈을 맞춰 볼 때, 비로소 고난의 끝이 보인다.

욥기 24장에서 욥은 한층 더 성숙한 표현을 한다. 왜 나만 고난을 겪느냐고 항의하던 욥이 이제는 왜 저 사람도 저런 고난을 겪느냐고 묻는다. 그리고 그들에게 손을 내밀려고 한다. 욥은 이제 '상처 입은 치유자'로 성숙해져 가고 있다. 23장에서는 하나님 앞에서 자아의 모습을 간절하게 찾던 욥이, 24장에 와서는 고난받는 이웃을 바라보고 있다.

가난한 자들의 비참한 현실

23장 2-4절은 약육강식의 전형적인 장면이다.

어떤 사람은 땅의 경계표를 옮기며 양 떼를 빼앗아 기르며 고아의 나귀를 몰아 가며 과부의 소를 볼모 잡으며 가난한 자를 길에서 몰아내나니 세상에서 학대 받는 자가 다 스스로 숨는구나 그들은 거친 광야의 들나귀 같아서 나가서 일하며 먹을 것을 부지런히 구하니 빈 들이 그들의 자식을 위하여 그에게 음식을 내는구나 욥 24:2-5

2절과 9절에서 '어떤 사람'이라고 번역되어있지만, 원문상으로는 '그들'이고, 영어 성경 NLT에서는 '악한 자들'(Evil People, the wicked)이라고 의역한다. 그리고 그들은 정말 나쁜 사람들이 맞다. 어떻게 나쁜가? 땅의 경계표를 옮기며 남의 양 떼를 빼앗아 기르는 사람이다.

경계표는 조상들이 물려준 땅의 경계석이다. 측량 기술이 발달하지 못한 시대에는 경계석이 땅의 소유권의 경계를 표시하는 역할을 했는데 유력한 사람, 힘 있는 나쁜 사람들이 가난한 사람들, 고아와 과부의 경계표를 자신들에게 유리하게 옮겨 이웃의 땅을 가로채버렸다.

3절의 "고아의 나귀를 몰아 가며 과부의 소를 볼모 잡으며"는 일일 단위로 갚아야 할 급한 채무를 갚지 못하는 채무자에게 채주가 가혹하게 추심해서 그들의 나귀와 소를 빼앗아 가는 상황을 말한다. 가난한 자들의 약점을 자신의 이익으로 삼는 나쁜 사람들의 횡포를 말하는 것이다.

4절의 "가난한 자를 길에서 몰아내나니 세상에서 학대 받는 자가 다 스스로 숨는구나"는 악한 자들이 가난한 자들을 사회 밖으로 몰아내는 것을 말한다. 예컨대 큰 회사 건물에서 보안요원들을 세워 가난한 자들이 근처에 얼씬도 못 하도록 로비에서부터 출입을 막고 그들을 건물 밖으로 몰아내는 행위를 말한다. 아예 길에서 노점상조차도 할 수 없도록 몰아내 버린다. 힘 있는 나쁜 사람들이 가난한 자들의 가장 기본적인 생계 수단과 삶의 터전마저 강탈해서 가난한 이웃이 정상적으로 살 수 없게 만드는 모습을 표현하고 있다. 그래서 가난한 자들은 스스로 숨어 지내고, 거친 광야의 들나귀같이 나가서 일한다. 그들은 부지런히 먹을 것을 구하고 빈 들에서 먹거리를 찾아 헤맬 수밖에 없다.

빈들에 무슨 먹을 것이 있겠는가? 추수하고 남은 열매들과 곡식들을 주워 오는 모습, 그것들을 찾으려고 땅만 보고 돌아다니는 모습을 욥이 보게 된 것이다. 욥은 극심한 고통 가운데 자신이 부자로 있을 때는 보이지 않았고 보지 못했던 가난한 자들이 빈들에 왜 있는지를 바라보고 있다.

가난한 자들은, 비참하지만 악인이 남겨 둔 포도라도 따야 했고, 추운데 덮을 것도 없는 노숙인의 삶을 살아야 했다.

밭에서 남의 꼴을 베며 악인이 남겨 둔 포도를 따며 의복이 없어 벗은 몸으로 밤을 지내며 추워도 덮을 것이 없으며 욥 24:6,7

이 말씀은 내 고등학교 3학년 시절을 연상하게 했다. 나는 중학생 때부터 고등학교 2학년 때까지 친구들 집을 전전하며 기숙을 했었다. 그 당시 나의 별명은 '국제빈대'였다. 한집에서 너무 오래 머무르지 않았다. 눈치껏 이동하면서 밤만 되면 교회와 친구들 집을 돌아가며 하루하루 살았다. 길에서 잠을 잤더라면 노숙자가 될 뻔한 사춘기 시절을 나는 주로 교숙(교회숙박), 친숙(친구들 집 숙박)을 하며 버텼다.

제일 많이 잠을 잔 곳은 교회였다. 그래서 목사가 되었는지도 모르겠다. 교회에서 몰래 잠을 자다가 사찰집사님께 들켜서 쫓겨난 적도 많았다. 나의 형편을 몰랐던 사찰집사님은 나를 가출 청소년이나 문제 청소년으로 생각했을 것이다. 그렇게 쫓겨나면 그날 밤은 교회 친구나 형, 학교 친구들 집을 떠돌며 밤마다 잠을 청했다.

하지만 고등학교 3학년이 되자 친구들이 다 거부했다. 이제 공부에 더 집중해야 하는 시기이니, 부담스럽다는 것이다. 그래서 독서실에 몰래 들어가 밤 12시 즈음 집에 가는 사람들의 자리에 앉아서 밤새 공부하는 것처럼 엎드려 자기도 하고, 그러다 들켜서 쫓겨나기도 했다.

고등학교 3학년 반 배정이 되고 2월, 친구들도 낯설고 더 이상 기대어서 잠잘 만한 친구들이 없자 어쩔 수 없이 나는 교실에서 잠을 자기로 했다. 싸구려 침낭을 하나 구해서 저녁까지 야간 자습을 하고 난 후에 마지막까지 교실에 남아 기다렸다. 모든 학생이 다 나가고 온기가 남아 있을 때, 나는 나무 의자 여섯 개를 마주 보게 붙여서 침낭 안에 외투를 입은 채로 들어가 잠을 잤다. 봄을 맞기 전 마지막 겨울과 꽃샘추위의 가장 추웠던 한 달을 교실에서 보냈다. 나중에는 교실에서 잔다는 사실이 선생님에게 알려져서 더이상 학교에서 잠을 잘 수가 없었다. 다행스러운 것은 담임 선생님의 선처로 학교 후문 문구점 셋방을 무료로 사용할 수 있게 되었다는 것이다.

욥기에서 나의 모습을 투영하듯이 깊이 공감 가는 구절들이 발견되었다.

의복이 없어 벗은 몸으로 밤을 지내며 추워도 덮을 것이 없으며 산중에서 만난 소나기에 젖으며 가릴 것이 없어 바위를 안고 있느니라
욥 24:7,8

의복이 없어 벗은 몸으로 밤을 지내며 비에 젖어 속이 다 드러나 바위를 품고 가려야 하는 모습이 묘사되어 있다.

어떤 사람은 고아를 어머니의 품에서 빼앗으며 가난한 자의 옷을 볼모 잡으므로 욥 24:9

9절에서는 더 나쁜 사람들이 고아를 어머니의 품에서 빼앗으며 가난한 자의 옷을 볼모 잡는다. 이미 어머니는 남편 잃은 과부이고 아이는 아버지 잃은 고아인데, 그 과부와 고아에게 남은 희망조차도 앗아가며, 한 벌밖에 없는 옷도 빼앗아 간다. 가게에 와서 행패를 부리고 기물을 부수는 사채업자처럼 악랄한 그들의 행태에

고통이 더 가중된다.

24장에서 욥은, 그동안 보이지 않았던 가난한 자들이 어떻게 고통당하는지, 유력하고 힘 있는 악한 사람들의 횡포가 얼마나 심한지를 보게 된다. 그리고 비로소 고난당하는 사람들의 운명에 연대하고, 그들의 고난에 참여하게 된다.

이전엔 보지 못했던 아픔

욥은 그동안 풍족하며 부족함이 없었고 감사가 넘치는 행복감에 젖어 살아왔다. 하나님 보시기에도 그는 부족함이 없었던 삶을 살았다. 하지만 욥에게 치명적인 약점이 있다면, 부족함을 전혀 모르고 살았기 때문에 가난한 자와 고통당하는 자의 눈높이를 모르고 살았다는 것이다.

가난한 사람, 고통받는 사람을 볼 기회도, 그럴 마음도 갖지 못했던 것이다. 욥은 드디어 자기 말고도 죄 없이 고난당하는 사람이 많다는 것을 확실히 보게 되었다.

지금까지 욥은 자신이 역사상 유일하게 억울한 고난을 당하는 사람이라고 느꼈다. 욥기 23장에 와서야 비로소 시선을 자신에게서 돌려 하나님을 바라보게 된 것이다. 그리고 24장에서 욥은 자기처럼 고난과 고통 가운데 있는 사람들을 바라볼 수 있는 안목을 갖게 된다. 욥은 이제야 그들의 고난에 연대하게 되었다.

고난과 고통을 당하는 개인은 자신의 현실적인 고통이 너무 크기 때문에 다른 사람을 생각할 여유가 없다. 그러나 고난의 과정을 통해 새로운 감각기관이 서서히 발달하게 된다. 타인의 고통과 교감할 수 있는 초감각적인 능력이 자라게 된다. 나와 비슷한 고통을 당하는 사람들에 대한 공감 능력을 백배나 갖게 된다.

생존을 가능케 하는 신호로서의 고난

철학에서는 고통의 문제와 관련하여 사람이 당하는 고통이 생물학적으로 생존과 경보의 기능을 한다고 이해한다. 신체의 고통이 더 큰 상해를 막아주고 생존을 가능하게 하는 것이다. 고통은 우리가 살아 있기 때문에 치르는 대가라고 말하기도 한다. 아프기 때문에 치료하고 관리해서 더 아프지 않게 하는 것이다.

궁극적으로 사망은 모든 고통과 고난을 종결시킨다. 고통을 못 느끼면 죽음이 코앞에 있는 것과 다를 바 없다. 그래서 생존의 기능에서 고통은 필수적이라고 한다.

그러므로 사람이 고통을 당하면 이를 극복하는 과정에서 문화적으로 탁월한 성취와 업적을 이루어낸다. 인류는 홍수, 지진, 해일, 전쟁 등의 고통을 극복하는 과정에서 지금의 문명을 탄생시켰다. 더 나아가 고통은 정치적으로도 기여한 바가 크다고도 한다. 공동체를 유지하기 위하여 개인의 고통을 최소화하는 과정에

서 처벌, 감시, 훈련, 교육하는 등 고통이 정치적으로 이바지하고
있다. 고난은 생존의 표시이며 극복의 아이콘이고 정치적인 메시지
가 된다.

타인의 고통에 응답할 때 나의 고통이 의미 있다

그러나 기독교에서 말하는 고난은 철학, 정치학과는 해석을 달
리 한다. 기독교 철학자 레비나스는 현실적으로 개인이 고통당하
고 있을 때 보이지 않는 하나님의 보이는 역할이 무엇인지 고민했
다. 그리고 '타자성 철학'을 말하면서, 인간은 고통당할 때 소리를
내고 그 소리에 반응하는 분이 하나님이라고 소개한다.

한탄, 외침, 신음, 한숨 등 이런 소리는 스스로 고통스러움을 표
현하는 소리이기도 하지만, 다른 한편으로는 다른 사람으로부터
도와달라는 요청, 호소, 부르짖음이라는 것이다.

예컨대 누군가 고통을 당하면 끙끙 앓는다. 아파서, 힘들어서.
그 고통이 심해지면 소리도 더 커진다. 소리가 커지는 이유는 고통
이 심해서이기도 하지만 누군가의 도움과 구원이 절실하다는 도
움의 요청이기도 하다. 그러므로 고통당하는 사람의 부르짖음,
즉 그 요청에 대해 그것을 듣고 보고 반응할 감각기관을 '응답'이
라고 말한다.

가진 것이 없는 사람, 가난한 사람, 억압받는 사람 또는 이방

인, 혹은 병든 사람의 아우성이 들리는가? 그 소리를 듣고 응답하고 타인의 짐을 대신 짊어져주는 것을 레비나스는 '윤리적'이라고 이해한다.

우리의 고통이 의미 있게 되는 한 지점은 타인의 고통에 응답할 때이다. 고통으로 고생하는 사람들의 신음과 한탄에 귀 기울일 때 비로소 그 사람의 윤리적인 전망이 열린다고 한다. 그래서 레비나스는 '얼굴의 현현'이라는 표현을 사용했다. 성경에서는 '하나님의 얼굴을 구한다'라는 표현이 있지 않은가? 하나님의 얼굴은 고통당하는 사람을 향하고 있다.

우리는 고통당하는 사람의 고통에 동참함으로 그 하나님의 얼굴을 대한다. 그래서 《전체성과 무한》이라는 책에서 레비나스는 '윤리는 보는 것'이라고 말했다. 그는 "나는 타인을 바라본다. 나는 타인의 고통에 사로잡혀 있다. 나는 타인을 위하여 고통받는다"라는 표현을 썼는데, 그 결론은 예수님께서 우리를 위하여 고통당하셨다는 내용이다.

예수님의 얼굴은 죄와 질병과 가난과 고통으로 힘들어하는 우리를 향하고 있었고, 우리를 대신하여 스스로 고통을 당하셨다. 예수님이 스스로를 위하여 죽임당한 것이 아니었다.

고난이 타자의 고통에 눈을 뜨고 마음을 열게 해주었다면 더 나아가 지갑을 열고, 집 문도 열어 고난당하는 자들의 동지가 되어주어야 한다. 타인의 고통을 대신해 줄 수 있을 때, 타인의 고난의 볼모가 되어줄 수 있을 때, 우리는 거기서 십자가의 은혜를 경험하게 된다. 그리고 하나님의 얼굴을 보게 될 것이다.

하나님을 만나고 싶으면 고통당하는 사람과 함께하면 된다. 하나님의 음성을 듣고 싶으면 고통당하는 사람들의 소리에 귀를 기울이면 된다. 하나님을 초대하고 싶으면 고난 가운데 있는 자들을 집에 초대하면 된다.

내가 주릴 때에 너희가 먹을 것을 주었고 목마를 때에 마시게 하였고 나그네 되었을 때에 영접하였고 헐벗었을 때에 옷을 입혔고 병들었을 때에 돌보았고 옥에 갇혔을 때에 와서 보았느니라 마 25:35,36

초막절의 영성으로

이스라엘 3대 절기 중 하나인 초막절(Sukkot)은 가을 절기의 대표 절기이자 1년 중 마지막에 해당하는 절기로, 가을 농작물을 거두는 시기에 추수에 대한 감사의 의미도 담고 있다. 초막절은 추수가 끝난 후 가장 풍성하고 부요할 때 조금 더 수확하고 싶은 마음을 뒤로하고 들판으로 나가 초막을 짓고 7일간 지내는 절기다. 모든 일을 접고 들판으로 나가서 초막을 짓고 광야의 가난했던 시절을 추억하며 일주일간 나뭇가지로 지은 움막에서 지내는 것이다. 곳간에 쌓아둔 곡식, 조금만 더 일하면 더 많이 수확할 수 있는 남은 열매들을 포기하고 일주일간 광야 생활을 하게 한다. 가장 풍요로울 때 가장 궁핍했던 시절을 잊지 말라고 초막절을 지키는 것이다.

풍요로움에만 젖어 있을 때 결코 볼 수 없던 가난한 사람들의 삶을 보게 하는 고난은 축복이다.

고난이 **변.나.명.용**이 되기 위한
고난 극복 말씀 암송

시편 40편 1-3절

1   내가 여호와를 기다리고 기다렸더니
    귀를 기울이사 나의 부르짖음을 들으셨도다

2   나를 기가 막힐 웅덩이와 수렁에서 끌어올리시고
    내 발을 반석 위에 두사
    내 걸음을 견고하게 하셨도다

3   새 노래 곧 우리 하나님께 올릴 찬송을
    내 입에 두셨으니
    많은 사람이 보고 두려워하여
    여호와를 의지하리로다

말씀을 암송할 때 말씀이신 하나님을 내 안에 모셔들이는 것입니다. 말씀을 암송할 때
하나님께만 집중할 수 있습니다. 고난이 변.나.명.용이 되는 은혜를 누려보세요.

고난극복 : 변.나.명.용.

1 / 고난을 통해 시야가 확장된다.

욥은 고난을 통해 자신처럼 고통당하는 주변 사람들의 고난을 바라보게 된다. 자신만의 고통에 몰두하지 않고 타인의 고통에 공감하고 연대하며 상처받은 치유자로 한층 성숙한 신앙을 갖게 된다. 고난은 자신만을 향하던 우리의 시야를 주변의 어려움을 당하는 이웃들에게로 확장시킨다.

2 / 타인의 고난에 동참할 때 나의 고난이 의미 있다.

고난은 하나님의 얼굴을 보게 해주는 통로가 된다. 곧 어려움에 처한 다른 사람의 고난에 동참하는 것이 하나님을 만나는 경험으로 이어진다. 고난 속에서 고난당하는 자들과 함께하는 것 자체가 하나님의 임재를 경험하는 길인 것이다.

¹ 수아 사람 빌닷이 대답하여 이르되 ² 하나님은 주권과 위엄을 가지셨고 높은 곳에서 화평을 베푸시느니라 ³ 그의 군대를 어찌 계수할 수 있으랴 그가 비추는 광명을 받지 않은 자가 누구냐 ⁴ 그런즉 하나님 앞에서 사람이 어찌 의롭다 하며 여자에게서 난 자가 어찌 깨끗하다 하랴 ⁵ 보라 그의 눈에는 달이라도 빛을 발하지 못하고 별도 빛나지 못하거든 ⁶ 하물며 구더기 같은 사람, 벌레 같은 인생이랴

하나님의 **명품 만들기 3**

존재가치를 바꾸는
하나님의 손길

빌닷의 마지막 발언

변나명용은 고난 가운데 있을 때 고난을 바라보는 우리의 네 가지 관점에 대한 내용이다. 고난을 극복하는 데 어떤 방법이 있거나 요령이 있는 것은 아니다. 우리는 살면서 예기치 않았던 고통과 고난의 순간을 만날 때가 분명히 있다. 평생 아무 문제 없이 평화롭게 살아가는 인생은 없다.

욥이 고난당한 후에 세 친구와 주고 받았던 세 번의 토론은 빌닷의 마지막 발언을 끝으로 욥기 25장에서 모두 끝난다. 26장부터는 욥의 최후변론 형태의 대화가 이어지고, 이를 지켜보던 한 젊은 사람 엘리후의 마지막 발언 후에 하나님의 음성이 들리며 이야기의 흐름이 바뀐다.

빌닷의 논쟁은 간결하면서도 명료하다. 그 내용은, 하나님은 창조주이시고 인간은 창조주 앞에 보잘것없는 천한 존재란 것이다. 인간의 유한함과 하나님의 무한하심을 대조하여 말한 빌닷의 발언은 틀린 말이 하나도 없다. 사실을 있는 그대로 말했다.

하나님은 주권과 위엄을 가지셨고 높은 곳에서 화평을 베푸시느니라
욥 25:2

그렇다. 하나님은 주권과 위엄을 가지셨고 높은 곳에서 화평을 베푸는 분이시다.

그의 군대를 어찌 계수할 수 있으랴 그가 비추는 광명을 받지 않은 자가 누구냐 욥 25:3

당연한 말이다. 하나님의 군대를 누가 계수할 수 있겠는가? 하나님이 비추는 광명을 누가 피할 수 있겠는가? 그런 하나님 앞에서 어떻게 의롭다고 말하고 깨끗하다고 말할 수 있겠는가?

빌닷은 하나님의 위대하심과 인간의 보잘것없음을 대조하여 말한다. 빌닷은 틀린 말 하나 없이 사실과 진실을 말하고 있다. 특히 하나님의 주권에 대한 그의 견해는 욥기의 주제와도 맥락을 같이 한다.

빌닷이 말한 대로 위엄과 권능으로 만물을 다스리는 의로우신 하나님 앞에서 감히 인간의 의로움이나 순전함을 주장할 수 없다.

하나님은 주권과 위엄을 가지셨고 높은 곳에서 화평을 베푸시는 분이다. 하나님은 통치권과 주권을 갖고 온 세계를 다스리고 계신 분이다. 만물을 주관하시는 하나님의 절대적 통치에 모든 피조물이 두려워하며 복종하고 있다.

하나님은 교리에 갇히지 않으신다

빌닷은 여기서 더 나아가 하나님 앞에서 의롭다 함을 받을 사람은 아무도 없다고 단언한다.

> 그런즉 하나님 앞에서 사람이 어찌 의롭다 하며 여자에게서 난 자가 어찌 깨끗하다 하랴 욥 25:4

빌닷의 이 표현은 짧고 간결하다. 그는 하나님과 인생의 경계를 분명히 하는 신학적 견해를 가지고 있다. 물론, 하나님 앞에서 의인은 하나도 없다. 그러나 빌닷은 하나님 앞에서 의롭다 함을 얻을 인생이 없다는 단정적인 선언을 함으로써 하나님을 자신의 교리에 구속하고 있다.

빌닷의 말대로라면 하나님께도 더 이상 불의한 인간을 의롭게 할 방법이 없는 게 된다. 불의한 사람을 의롭다고 할 수 있는 하나님의 능력과 자유마저 제한하고 있는 것이다.

하나님이 하고자 하시면 무엇인들 못 하시겠는가? 우리가 만들어놓은 신학 안에 하나님을 구속해서는 안 된다. 우리는 종종 하나님을 제한하고 오해하곤 한다. 하나님은 우리가 만들어 놓은 교리대로 활동하는 분이 아니시다.

우리는 성경의 진리를 따라 성경이 보여주는 만큼 하나님을 이해하고 해석할 수 있다. 그래서 성경 계시를 특별계시라고 말한다. 이 계시의 말씀으로 우리는 하나님을 알고 구원에 이르는 지혜를 얻지만, 성경이 하나님의 모든 부분을 다 알려주지는 않는다. 물론 그럴 필요도 없다.

세상은 원칙이라고 할 만한 법칙들이 많다. 자연법칙, 과학 법칙, 공식, 문법들…. 그런 공식들에도 예외가 있다. 하나님이 하고자 하시는 일을 어떤 법칙으로 제한 할 수 있겠는가? 하나님은 창조주시다!

빌닷은 자신의 교리에 하나님을 단단히 가두어 버렸다. 그러나 하나님은 교리에 갇혀 계시는 분이 아니다!

하나님 손에 붙잡힌 흙덩어리 인생

빌닷은 마지막 5,6절에서 더 선명하게 하나님과 인생의 한계를 긋는다. 주권과 위엄을 가지신 하나님 앞에서 인생은 구더기 같은 존재며, 벌레 같은 인생이다.

보라 그의 눈에는 달이라도 빛을 발하지 못하고 별도 빛나지 못하거든 하물며 구더기 같은 사람, 벌레 같은 인생이랴 욥 25:5,6

이 또한 맞는 말이다. 존귀하고 지존하신 하나님 앞에서 우리는 구더기 같은 존재이다. 벌레 같은 인생이 맞기는 하다. 그러나 그렇다고 해서 우리가 하나님 앞에서 벌레처럼 귀찮고 천한 존재로 끝이 나는 것이 아니다.

여호와 하나님이 땅의 흙으로 사람을 지으시고 생기를 그 코에 불어넣으시니 사람이 생령이 되니라 창 2:7

우리가 흙으로 만들어졌다고 해서 우리가 흙인가? 창세 이래로 인간의 창조는 가장 미천하고 미개한 재료로 만들어졌다. 사실이다. 그러나 그것이 끝이 아니다! 시작인 것이다.

하나님께서는 한 줌 흙밖에 되지 않는 우리 인생을 만드시려고 의논하셨다.

하나님이 이르시되 우리의 형상을 따라 우리의 모양대로 우리가 사람을 만들고 창 1:26

하나님의 모양을 따라 만들자고 하셨다. 그리고 계획하시고 설계하셨다. 그리고 하나님 닮은 꼴로 만드셨다. 목적도 부여하셨다. 인간으로 하여금 세상을 다스리게 하자고 하셨다. 그렇게 만드셨는데, 뭔가 부족했다.

결국 하나님이 인공호흡을 하셨다. 그 코에 생기를 불어넣으니 살아나서 생령이 되었다. 흙덩어리일 뿐인 인생이 하나님의 손과 호흡을 거쳐 최고의 피조물이 되었다.

빌닷의 말처럼 하나님이 위대하시다고 해서 인간이 버러지요 구더기 같은 존재로 끝나버리는가? 아니다. 물론 존재적으로는 벌레요 구더기 같은 존재이지만, 하나님의 손과 호흡을 통해 새롭고 의미 있게 만들어진 존재다. 따라서 빌닷의 말은 사실이지만, 진실이 될 수 없는 반쪽의 이론이다.

누군가에겐 걸림돌, 누군가에겐 걸작

우리 인생의 존재는 본래 무가치하고 쓸데없다. 전능하시고 존귀하신 하나님 앞에서 아무것도 아니다. 그런데 그런 인생이 하나님의 손길에 붙잡히고 하나님의 호흡을 통과할 때 전혀 다른 인생이 된다. 이것이 성경의 메시지다.

어떤 제품이 만들어지기 이전의 상태는 부품 상태다. 부품들이 조립되고 제조되어서 제품이 된다. 부품으로 만들어지기 이전의 상태를 소재, 재료, 원료 상태라고 볼 수 있다.

차세대 산업혁명에서 가장 중요한 기술이 반도체 기술이다. 반도체의 집적회로를 구성하는 주재료가 규소인데, 규소(silicon)는 원자번호 14번의 원소로, 금속과 비금속의 특성을 모두 갖는 준금속이다. 지각에서 산소 다음으로 풍부하게 존재하는 원소로, 주로 모래, 암석, 흙 등에서 추출한다. 거기서 규소를 추출하여 그것으로 반도체 집적회로의 핵심 재료인 웨이퍼를 만드는 것이다. 보잘것없는 소재와 재료에서 부품이 만들어지고, 그 부품이 잘 조립되어 아주 유용한 제품이 된다.

길 한복판에 큰 바위가 놓여 있다면, 사람들은 그 길을 지나다니면서 불편하고 흉물스럽다고 생각할 것이다. 누가 이 바위를 깨서 없애든지 굴려서 떨어뜨려 버렸으면 좋겠다고 말이다. 그러나 한 사람의 눈에는 다르게 보인다. 그 돌덩어리가 다비드상으로 보이는 것이다. 이 사람은 미켈란젤로다. 그냥 두면 돌덩어리이지만 깎으면 다비드상이 되는 것이다.

사람들의 눈에는 흉물스러운 바위가 조각가의 눈에는 멋진 조각작품으로 보인다. 누군가에게는 걸림돌이지만 누군가의 눈에는 다비드상으로 보이는 것이다. 사실은 달라진 것이 없다. 다만 보이는 게 달라진 것이다.

구더기요 벌레 같은 인생

우리 인생은 구더기 같은 인생이 맞다. 버러지 같은 인생이 맞다. 사람은 고난 가운데서 고통을 당하면 인생의 뿌리 깊은 본질과 본성이 드러나면서 자신의 존재가치를 버러지요 구더기 같은 인생이라고 정의하게 된다. 효용가치도 없다고 느낀다. 스스로 쓸모없이 태어났다고 생각한다. 자존감이 바닥을 치는 것이다.

욥도 그랬다. 스스로의 인생을 태어나지 말았어야 할 인생으로 정의하고 천하고 천한 인생이라고 여겼다. 누구라도 고난을 당하고 실패를 겪으면 자기 존재에 대한 회의가 깊게 자리 잡는다.

빌닷은 하나님의 주권과 위엄을 말하며 그분의 위엄 앞에서 인생은 흙덩이에 불과하며 구더기요 벌레 같은 인생이라고 말했는데, 그 이면에는 '그렇게 살 바에는 죽는 게 낫다'는 독설이 숨어 있다.

사업에 실패했거나 중년이 되어 지금껏 인생을 잘못 살아왔다는 느낌이 물씬 몰려올 때, 우리에게 제일 먼저 드는 생각은 쓸데없이 시간만 허비했다는 것이다. 후회와 낙심이 밀려온다. 주변의 사람들도 나를 피하고 멀리하는 것 같다. 이럴 때 스스로 너무 비참해진다. 왜 사는지, 왜 태어났는지, 뭐 하러 사는지 모르겠다. 목회자들도 예외가 아니다. 목회의 결과에 따라 존재가치와 자존감이 오르락내리락 하곤 한다.

인생에 성공했든지 실패했든지, 목회가 잘되든지 안 되든지, 사업이 잘되든지 안 되든지, 공부를 잘하든지 못하든지, 상관없이 인생은 원래 흙이었고, 버러지였고, 구더기였다. 욥만 벌레이고 구더기인 게 아니다. 빌닷의 말은 기분 나쁘지만 아주 정확한 팩트다. 모든 인생이 다 버러지이고 구더기다.

빌닷은 하나님과 사람을 본질적으로 정확하게 파악했다. 하지만 하나님과 사람과의 관계를 결정하는 하나님의 성품에 대해서는 이해하지 못했다. 하나님을 알고 사람을 알아도 하나님과 사람 사이의 관계를 결정하는 것은 하나님의 성품 중에 하나인 '사랑'이다. 사랑하는 자기 백성을 구원하시려는 하나님의 의지에 대해서 빌닷은 알지 못했다.

하나님 손에 붙잡힌 은혜

우리가 누릴 수 있는 가장 큰 은혜는 이렇게 비참하고 고통스러운 인생이 전능하신 하나님의 손에 붙여졌다는 것이다. 빌닷보다 더 정확하게 인생을 이해한 구약의 한 선지자의 말을 들어보자.

버러지 같은 너 야곱아, 너희 이스라엘 사람들아 두려워하지 말라 나 여호와가 말하노니 내가 너를 도울 것이라 네 구속자는 이스라엘의 거룩한 이이니라 보라 내가 너를 이가 날카로운 새 타작기로 삼으리니 네가 산들을 쳐서 부스러기를 만들 것이며 작은 산들을 겨같이 만들 것이라 사 41:14,15

이사야는 이스라엘을 "버러지 같은 너 야곱아"라고 부른다. '지렁이, 벌레'로 번역되는 히브리어 '토레아'는 아주 비천하고 보잘것없는 존재를 가리키는 표현이다. 이사야 역시 구더기 같은 인생임을 인식했지만, 그의 깨달음은 거기서 끝나지 않는다.

"버러지 같은 너 야곱아, … 두려워하지 말라."

빌닷은 벌레 같고 지렁이 같은 인생이란 인식에서 끝났지만, 이사야는 그런 버러지 같은 인생의 가치를 다르게 표현한다.

"내가 너를 이가 날카로운 새 타작기로 삼으리니."

버러지 같은 인생이 이가 날카로운 새 타작기가 된다는 것은 존재론적으로 불가능하다. 있을 수 없는 일이다. 그러나 하나님께서는 이사야를 통해 우리 인생의 존재가 본래는 전혀 쓸데없었는데, 그 가치를 완전히 바꾸어놓으셨다고 말씀해주셨다. 버러지에서 새 타작기로!

그리고 용도가 달라졌다.

"네가 산들을 쳐서 부스러기를 만들 것이며 작은 산들을 겨같이 만들 것이라."

흙에서 살아가는 지렁이 같은 존재가 흙을 부스러뜨리고 까부수는 타작기로 존재로 바뀌었다. 그리고 하나님께서는 '내가 너를 도울 것이라. 내가 너와 함께할 것이라'라고 말씀하신다.

이것은 고난당하는 사람이 고난을 통해 명품이 되는 중요한 과정을 잘 보여주고 있다. 고난 가운데서 하나님 손에 붙들리면, 인생의 존재가치가 달라진다. 그리고 용도가 달라진다.

그러나 나의 종 너 이스라엘아 내가 택한 야곱아 나의 벗 아브라함의 자손아 내가 땅 끝에서부터 너를 붙들며 땅 모퉁이에서부터 너를 부르고 네게 이르기를 너는 나의 종이라 내가 너를 택하고 싫어하여 버리지 아니하였다 하였노라 두려워하지 말라 내가 너와 함께함이라 놀라지 말라 나는 네 하나님이 됨이라 내가 너를 굳세게 하리라 참으로 너를 도와주리라 참으로 나의 의로운 오른손으로 너를 붙들리라 보라 네게 노하던 자들이 수치와 욕을 당할 것이요 너와 다투는 자들이 아무것도 아닌 것같이 될 것이며 멸망할 것이라 네가 찾아도 너와 싸우던 자들을 만나지 못할 것이요 너를 치는 자들은 아무것도 아닌 것같고 허무한 것같이 되리니 이는 나 여호와 너의 하나님이 네 오른손을 붙들고 네게 이르기를 두려워하지 말라 내가 너를 도우리라 할 것임이라

사 41:8-13

세상은 우리의 존재가치를 적시하여 명예를 훼손한다. '사실적시에 의한 명예훼손'이다. 세상은 우리의 삶의 결과를 두고 흠집을 낸다. 세상은 우리를 향해 '너 참 쓸모없다'라고 말한다.

실패와 고난 속에서 이런 세상의 소리에 자존감과 효용감이 떨어질 때, 우리는 그가 얼마나 가치 있는 존재인지 알려줘야 한다.

공중의 새를 보라 심지도 않고 거두지도 않고 창고에 모아들이지도 아니하되 너희 하늘 아버지께서 기르시나니 너희는 이것들보다 귀하지 아니하냐 … 그러나 내가 너희에게 말하노니 솔로몬의 모든 영광으로도 입은 것이 이 꽃 하나만 같지 못하였느니라 오늘 있다가 내일 아궁이에 던져지는 들풀도 하나님이 이렇게 입히시거든 하물며 너희일까 보냐 믿음이 작은 자들아 마 6:26,29,30

구더기면 어떻고, 벌레면 어떤가? 하나님 손에 붙잡히면 우리의 존재가치가 바뀐다.

하나님 앞에 의롭다 함을 얻을 육체는 없다. 맞다. 그러나 의롭다 함을 얻을 수 없는 육체라고 하더라도 그가 누구든지 하나님 앞에서 하나님 손에 붙잡힐 때 그는 비로소 의롭다 함을 얻을 수 있다.

로마서 3장 23,24절 말씀은 "모든 사람이 죄를 범하였으매 하나님의 영광에 이르지 못하더니"로 끝나지 않는다. 이 말씀의 결론은 이것이다.

"그리스도 예수 안에 있는 속량으로 말미암아 하나님의 은혜로 값 없이 의롭다 하심을 얻은 자 되었느니라."

욥의 상태는 이미 구더기 같고 벌레 같다. 하나님과 인간 사이의 차이는 넘어설 수 없을 만큼 크다. 하지만 그리스도의 사역은 이 둘 사이의 큰 담을 허무시고 평화를 만드셨다. 고난이 끝이 아니다. 버려지가 끝이 아니다. 그 끝에 새 타작기로 만드시는 하나님의 손길이 있다. 고난의 끝에 하나님은 우리의 인생을 명품으로 만드신다.

시편 40편 1-3절

1 내가 여호와를 기다리고 기다렸더니
   귀를 기울이사 나의 부르짖음을 들으셨도다

2 나를 기가 막힐 웅덩이와 수렁에서 끌어올리시고
   내 발을 반석 위에 두사
   내 걸음을 견고하게 하셨도다

3 새 노래 곧 우리 하나님께 올릴 찬송을
   내 입에 두셨으니
   많은 사람이 보고 두려워하여
   여호와를 의지하리로다

말씀을 암송할 때 말씀이신 하나님을 내 안에 모셔들이는 것입니다. 말씀을 암송할 때
하나님께만 집중할 수 있습니다. 고난이 변.나.명.용이 되는 은혜를 누려보세요.

1/ 인간의 본질은 버러지 같고 구더기 같은 인생이다.

빌닷은 하나님 앞에서 누구도 의롭다 함을 얻지 못한다고 했지만, 인간과 하나님의 관계를 규정하는 것은 하나님의 사랑이다. 하나님께는 의롭다 함을 얻지 못할 인생을 의롭다 하실 수 있는 능력이 있으시다. 하나님의 능력은 신학에 제한받지 않는다.

2/ 본질적으로 버러지 같고 구더기 같은 인생도 하나님 손에 붙들리면 명품이 된다.

하나님은 인간을 단지 벌레 같은 존재로 내버려두지 않으신다. 하나님의 손길은 초라한 인생을 새로운 가치와 용도로 바꾸신다. 지렁이 같은 인생일지라도 하나님의 손길은 우리의 존재가치를 새 타작기로 바꾸신다. 고난을 통해 하나님은 우리 인생을 명품으로 만드신다.

PART 4

고난은
하나님의 용광로

¹ 은이 나는 곳이 있고 금을 제련하는 곳이 있으며 ² 철은 흙에서 캐내고 동은 돌에서 녹여 얻느니라 ³ 사람은 어둠을 뚫고 모든 것을 끝까지 탐지하여 어둠과 죽음의 그늘에 있는 광석도 탐지하되 ⁴ 그는 사람이 사는 곳에서 멀리 떠나 갱도를 깊이 뚫고 발길이 닿지 않는 곳 사람이 없는 곳에 매달려 흔들리느니라 ⁵ 음식은 땅으로부터 나오나 그 밑은 불처럼 변하였도다 ⁶ 그 돌에는 청옥이 있고 사금도 있으며 ⁷ 그 길은 솔개도 알지 못하고 매의 눈도 보지 못하며 ⁸ 용맹스러운 짐승도 밟지 못하였고 사나운 사자도 그리로 지나가지 못하였느니라 ⁹ 사람이 굳은 바위에 손을 대고 산을 뿌리까지 뒤엎으며 ¹⁰ 반석에 수로를 터서 각종 보물을 눈으로 발견하고 ¹¹ 누수를 막아 스며 나가지 않게 하고 감추어져 있던 것을 밝은 데로 끌어내느니라 ¹² 그러나 지혜는 어디서 얻으며 명철이 있는 곳은 어디인고 ¹³ 그 길을 사람이 알지 못하나니 사람 사는 땅에서는 찾을 수 없구나 … ²⁸ 또 사람에게 말씀하셨도다 보라 주를 경외함이 지혜요 악을 떠남이 명철이니라

지혜를 제련하는
하나님의 용광로

고난에서 지혜로 화제 전환

누구도 원하지 않지만, 누구도 피할 수 없는 것이 고난이다. 고난을 통해 더 성숙해지고 더 자란다고 말하지만, 그렇다고 고난을 자처하거나 고생길을 선택하는 사람은 없다. 게다가 우리는 고난에 대한 하나님의 뜻을 정확하게 알 수도 없고, 온전히 헤아릴 수도 없다.

고난을 하나님의 용광로라고 하는 이유는, 용광로가 광석을 녹여 불필요한 불순물은 태워서 없애거나 녹여서 필요한 광물을 뽑아내기 때문이다. 많은 불순물 속에 섞여 보이지 않던 소량의 광물이 진귀한 금이나 보석으로 드러나기도 한다. 고난의 용광로 이미지를 잘 나타내고 있는 본문이 욥기 28장이다. 고난의 용광로를 통하여 얻게 되는 가장 값진 것이 무엇인가?

28장은 욥기 전체에서 특별한 위치를 차지한다. 욥과 친구들과의 세 차례에 걸친 대화(3-27장) 중 마지막 두 장인 26, 27장은 욥의 반론으로 마무리된다. 그리고 29장부터 31장까지는 욥의 최후변론이 독백 형태로 길게 이어진다.

28장은 세 친구와의 세 번의 논쟁이 마무리되고 29장부터 이어질 욥의 긴 독백 사이에서 분위기를 전환하는 스위치 역할을 한다.

28장의 분위기는 논쟁적이었던 27장까지의 분위기와도 어울리지 않고, 29장 이후로 욥이 독백하면서 한탄하는 내용과도 어울리지 않으면서 독자적인 지혜의 메시지를 전한다. 마치 솔로몬의 지혜서인 잠언을 보는 듯하다. 지혜를 추구하고 지혜를 찾는 내용이지만, 동시에 기록된 내용 자체가 지혜다. '지혜의 송가'라고 할 만큼 지혜를 높이 찬양하고 있다.

친구들과의 세 번의 논쟁은 다람쥐 쳇바퀴 돌듯 공방이 계속되었다. 서로 신경이 날카로워지고 피폐해졌지만, 여전히 돌파구를 찾지 못했다. 친구들은 욥이 왜 이 부당한 고난을 당해야 하는지 제대로 설명하지 못했고, 위로도 되지 않았다. 하나님은 침묵하셨고, 욥 자신은 갈수록 의문이 쌓이고 답답하기만 했다.

이렇게 별다른 돌파구 없이 논쟁이 막다른 골목에 이르면, 새로운 국면 전환이 요구되기 마련이다. 분위기를 일신할 필요가 있었다. 이런 분위기에서 욥은 지혜를 말함으로 서로의 관심사를 고난에서 지혜로 전환시킨다.

그래서 욥기는 고난에 대해 말하는 고난 해석서 내지는 고난 설명서가 아니라 고난을 소재로 지혜를 말하는 지혜서다. 잠언, 전도서와 함께 욥기는 지혜서로 분류되고 있다.

고난을 통해 지혜에 눈을 뜬다

28장부터 욥기 기자는 욥기를 통해 부각하고자 하는 절정을 시작한다. 그러므로 28장은 욥과 그의 세 친구들이 잠시 논쟁을 멈추고 지금까지 진행되어온 논쟁을 반성하는 동시에, 자신이 지금까지 씨름해온 실존적 질문의 본질적인 문제가 무엇인지를 다시 생각해보는 계기가 된다.

인간이 겪는 고통을 죄의 유무, 하나님의 정의와 공의, 신정론에 의해서만 판단할 수 있다고 생각했던 세 친구들의 견해가 있었고, 욥은 예외가 있을 수도 있음을 주장하며 반박해왔다. 그런데 지금 본문은 완전히 새로운 국면으로 나아간다. 1장부터 27장까지의 주제들을 감안하여 우리가 토론하고 있는 고통의 문제가 죄의 문제와 연결된 것이 아니라면 '인생의 고난은 도대체 무엇 때문인가?'라는 질문이 제기되는 순간이 왔다.

이때 놀라운 사고의 전환이 일어나게 된다.

지금까지 욥과 세 친구의 논쟁의 포인트는 고통과 죄에 관한 것이었다. 죄가 있기 때문에 고난이 있고, 고통이 있다는 주장과 그에 대한 욥의 반박이었다.

사실, 고난이 있을 때 가장 먼저 떠오르는 생각은 '뭐가 잘못되었지? 뭐를 잘못했지?'란 질문이다. 그래서 일단 회개하고 본다. 그래서 욥의 세 친구도 욥에게 와서 뭐 잘못한 것은 없는지 생각해 보라고 했다.

그러나 고난 앞에서 하나님의 뜻과 계획, 하나님을 향한 부르짖음을 생각하지 못하고 내 죄, 내 잘못, 내 실수에만 집중하는 것은 고난의 본질적인 부분을 보지 못하게 한다.

이때 욥은 기가 막히게 '지혜'를 거론하며, 대화를 새로운 국면으로 전환시킨다. 이는 고난과 죄의 연관성에만 매몰되지 않고, 고난과 지혜의 연관성을 말함으로써, 고난을 통해 하나님의 지혜에 눈을 뜨게 된다는 사실을 드러낸다. 고난은 죄의 문제가 아니라 지혜의 문제란 것이다.

그렇다면 지혜는 어디에서, 어떻게 찾을 수 있을까? 28장의 주제는 선명하다. 인간은 지혜를 찾아 헤매지만, 그 지혜는 찾기 쉽지 않고 감추어져 있다는 것이다. 그렇기에 광물과 보석을 캐내기 위해 온갖 수고를 다하여 마침내 찾아내듯이, 그렇게 지혜를 찾아야 한다.

하나님은 진작에 욥을 소개하기를 '하나님을 경외하고 악을 멀리하는 사람'(욥 1:1,8 ; 2:3)이라고 하셨다. 잠언은 하나님을 경외하는 사람을 지혜로운 자라고 말하고 있다.

> 여호와를 경외하는 것은 지혜의 훈계라 겸손은 존귀의 길잡이니라
>
> 잠 15:33

하나님은 여호와를 경외하는 욥을 '지혜로운 자'로 이미 인정하신 것이다. 그 지혜를 찾아가는 과정에 고난이 자리 잡고 있었던 것이다.

지혜는 어디서 찾을 수 있는가?

찾기도 어렵고, 사고팔기도 어려운 것이 지혜다. 욥은 당시 채광과 제련 기술에 대한 지식을 동원하여 지혜 찾기를 광물 캐기에 비유하고 있다. 광부들은 광물, 즉 금이나 은, 철, 구리, 청옥(사파이어), 사금 등을 찾아내기 위해 온갖 방법과 기술을 동원하여 기필코 찾아낸다.

땅속에 보물이 있다는 사실을 알기에 아무리 깊고 좁고 캄캄해도 땅속으로 들어가는 갱도를 파고 줄을 타고 외롭게 매달려 광물 찾기에 골몰한다. 이런 채광 작업에서 주목되는 것이 '장소'와 '거기에 이르는 길'과 '발견'이라는 세 단어다.

보물이 있는 장소는 사람 사는 곳에서부터 멀리 떨어진 곳, 사

람의 발길이 닿지 않는 곳이다(욥 28:4). 그 광맥이 이르는 길은 "솔개도 알지 못하고 매의 눈도 보지 못하며 용맹스러운 짐승도 밟지 못하였고 사나운 사자도 그리고 지나가지" 못한 감추어진 길이다(욥 28:7,8). 오직 숙달된 광부들만이 그 장소와 그 길을 찾아내 특별한 채굴 기술로 각종 보물을 발견해낸다(욥 28:9-11).

욥은 왜 이리 복잡하게 광부와 광산, 채광 기술을 통해 광물 찾는 과정을 설명하고 있는가? 그것은 그만큼 찾기 어렵다는 점을 강조하기 위해서다.

그러면서 욥은 광물을 찾는 것이 어렵지만 지혜를 찾는 것은 그보다 훨씬 어렵다고 강조한다.

그러나 지혜는 어디서 얻으며 명철이 있는 곳은 어디인고 그 길을 사람이 알지 못하나니 사람 사는 땅에서는 찾을 수 없구나 깊은 물이 이르기를 내 속에 있지 아니하다 하며 바다가 이르기를 나와 함께 있지 아니하다 하느니라 욥 28:12-14

광물과 달리 지혜는 그 장소와 길이 도무지 발견될 수 없는 더 깊은 심연 속에 감추어져 있다는 것이다. 사람의 노력이나 기술로 발견되는 것이 아니며, 어떤 값을 치르고도 살 수 없는 게 지혜다.

순금으로도 바꿀 수 없고 은을 달아도 그 값을 당하지 못하리니 오빌의 금이나 귀한 청옥수나 남보석으로도 그 값을 당하지 못하겠고 황금이나 수정이라도 비교할 수 없고 정금 장식품으로도 바꿀 수 없으며 진주와 벽옥으로도 비길 수 없나니 지혜의 값은 산호보다 귀하구나 구스의 황옥으로도 비교할 수 없고 순금으로도 그 값을 헤아리지 못하리라 욥 28:15-19

요즘에도 물론 귀하지만, 당시로서는 더욱 구하기 어렵고 엄청나게 비싼 귀금속이 나열되어 있다. 금, 은, 오빌의 금, 루비, 사파이어 등 당시 통용되던 최고의 보석 리스트인 셈이다. 다 진귀한 보물이지만, 이 보물들은 서로 비교해서 값을 계산하고 사고팔 수 있지만 지혜는 값을 따질 수 없고 그 어떤 보물로도 사고팔 수 없다는 것이다.

솔로몬은 지혜의 가치를 이렇게 말했다.

지혜를 얻는 것이 금을 얻는 것보다 얼마나 나은고 명철을 얻는 것이 은을 얻는 것보다 더욱 나으니라 잠 16:16

세상에 금도 있고 진주도 많거니와 지혜로운 입술이 더욱 귀한 보배니라 잠 20:15

지금까지 욥과 친구들이 벌여온 설전은 스스로의 지혜를 자랑하고 있는 것이었지만, 욥의 이 한마디 말로 욥을 포함한 세 친구들은 참으로 무지한 사람들이며 지혜가 필요한 사람들임이 분명해졌다.

그런즉 지혜는 어디서 오며 명철이 머무는 곳은 어디인고 욥 28:20

지혜의 출처는 오리무중이다. 우주 그 어느 곳, 피조세계 그 어떤 곳에서도 발견할 수 없다.

오직 하나님으로부터 오는 지혜

그러면 지혜는 어디에서 오는가? 하나님! 하나님이 지혜 그 자체이시다. 욥은 지혜가 하나님으로부터 온다고 단언한다.

하나님이 그 길을 아시며 있는 곳을 아시나니 이는 그가 땅 끝까지 감찰하시며 온 천하를 살피시며 바람의 무게를 정하시며 물의 분량을 정하시며 비 내리는 법칙을 정하시고 비구름의 길과 우레의 법칙을 만드셨음이라 욥 28:23-26

'땅과 하늘'은 창세기 1장 1절에서 말씀하는 것처럼, '우주 만물 전체'를 가리킨다. "땅 끝까지 감찰하시며 온 천하를 살피시며" 하늘 아래 모든 것을 보신다는 말은 온 우주 전체를 지혜로 꿰뚫고 계신다는 의미다.

지혜의 장소, 그 지혜에 이르는 길을 발견하는 방법은 사람이나 자연이 아니라 하나님에게서 찾을 수 있다는 것이다. 채광과 제련으로 상징되는 인간의 과학 기술로는 참된 지혜에 이를 수 없으며, 오직 만물을 두루 다 통찰하고 계시는 하나님께 참된 지혜가 있다는 것이다.

지혜의 원천은 하나님의 창조 능력에 있다.

> 바로 그때에 그분께서, 지혜를 보시고, 지혜를 칭찬하시고, 지혜를 튼튼하게 세우시고, 지혜를 시험해보셨다. 욥 28:27, 새번역

하나님께서는 태초의 창조 행위를 통해 지혜를 보셨고, 지혜를 칭찬하셨고, 지혜를 튼튼하게 세우셨으며, 지혜를 시험해보셨다. 여기서 중요한 것은, 하나님의 지혜가 공허한 관념이나 이론에서 나온 것이 아니라 하나님의 구체적인 창조 행위에서 나왔다는 것이다.

> 만물이 그로 말미암아 지은 바 되었으니 지은 것이 하나도 그가 없이는 된 것이 없느니라 요 1:3

지혜는 오직 하나님의 구체적인 창조 행위를 통한 선물로서 받을 수 있을 뿐이다. 그리하여 결론인 28절에서 하나님은 사람에게 이렇게 말씀하신다.

또 사람에게 말씀하셨도다 보라 주를 경외함이 지혜요 악을 떠남이 명철이니라 욥 28:28

여호와를 경외함이 지혜다

인간은 지혜 자체에 도저히 접근할 수 없지만, 가장 근사치로 도달할 수 있는 길이 '하나님을 경외함'과 '악을 멀리함'에 있다. 이 것은 욥기 서두에서 여러 차례 되풀이하여 '하나님을 경외하고 악에서 떠난 사람'이라고 욥을 칭찬한 것과 내용이 같다.

하나님은 욥의 순전함을 자랑하신 것이 아니었다. 욥의 신앙이 좋은 것을 자랑하신 것도 아니었다. 하나님은 욥의 지혜를 자랑하고 계신 것이었다.

하나님을 경외함이 지혜고 악에서 떠나는 것이 명철이다. 욥은 고난을 통해 순전하신 하나님의 지혜에 가까이 접근하고 있었다. 결국, 욥기 28장은 27장에서 궁지에 빠진 욥이 29장으로 넘어가는 징검다리 역할을 톡톡히 하고 있는 것이다.

이 대목을 대한성서공회 총무를 역임하고 구약 박사로 히브리

대학에서 공부한 성경번역가인 민영진 박사는 이렇게 설명한다.

"지혜는 소프트웨어이고 우리는 하드웨어다."

우리 안에 지혜가 들어와 있는 동안은 지혜로울 수 있으나, 우리를 떠나면 다시 어리석어질 수도 있다. 지혜는 우리가 영구히 가질 수 있는 것이 아니다.

타고나는 것도 아니다. 지능지수도 아니고 학위도 아니다. 사람은 지혜롭다가 한순간 어리석어질 수 있다. 왜냐하면 지혜는 하나님 그 자체이고, 하나님을 경외하는 자에게 주시는 하나님의 영이기 때문이다.

지혜는 우리를 소유할 수 있으나, 우리가 지혜를 영구히 사유화할 수는 없다. 사울 같은 사람이 한때는 지혜롭기로 둘째가라면 서러울 정도였으나, 지혜가 떠나가니 어리석기 짝이 없어졌다.

노아, 아브라함, 에서, 야곱, 삼손, 다윗도 지혜롭다가 일순간에 다시 어리석어진 적이 있으며, 성경 안에 이런 사람을 수없이 만날 수 있다. 한 번 지혜로워졌다고 해서 영원히 지혜로운 것이 아니다.

그래서 여호와를 경외하며 악에서 떠나는 것이 우리에게 주신 지혜를 끝까지 붙드는 길이라고 말씀하신다. 고난은 여호와를 경외케 하는 하나님의 용광로가 된다.

여호와를 경외하려면 겸손을 배워야 한다

여호와를 경외하고 그를 높이려면 내가 낮아져야 한다. 끊임없이 하염없이 낮아져야 한다. 말로나 행실로나 모든 자신감과 당당함을 내려놓고 하나님 앞에 겸손해야 하나님을 경외하는 삶을 살 수 있다.

안다고 생각하는 것, 머릿속에 들어 있는 모든 것이 아무것도 아니라고 여겨야 하나님이 가장 크게 다가온다. 이것이 우리가 예수님에게서 배워야 하는 성품의 중심인 '겸손'이다.

'겸손'을 뜻하는 라틴어 '후밀리타스'(humilitas)는 흙을 뜻하는 '후무스'(humus)를 어원으로 한다. '인간'을 뜻하는 영어단어 '휴먼'(human)도 후무스에서 왔다. 이는 겸손이, 인간의 본질은 흙에서 기원했다는 사실을 아는 데 있음을 뜻한다.

우리가 땅으로 내려갈 때 하나님이 높임을 받으시고 하나님을 경외하게 된다. 그럴 때 하나님께서 흙 같은 우리를 빚어서 하나님의 생기와 하늘의 지혜로 채워주실 것이다.

고난은 우리를 비천하게 하지만, 동시에 우리를 겸손하게 한다. 그리고 여호와를 경외하게 한다. 그래서 하나님의 지혜를 얻는 놀라운 은혜를 입는다.

고난이 하나님의 용광로인 이유는, 고난을 통해 우리가 순금, 정금, 백금이 되기 때문이 아니다. 고난을 통해 하늘의 지혜와 하늘의 은혜를 얻는 겸손과 경외함을 배우게 되기 때문이다. 여호와를 경외함이 지혜의 근본이며, 고난의 용광로 속에서 우리는 여호와 경외함을 배우게 된다. 그리하여 고난의 용광로에서 지혜가 제련된다.

이사야 43장 19-21절

19 보라 내가 새 일을 행하리니
이제 나타낼 것이라
너희가 그것을 알지 못하겠느냐
반드시 내가 광야에 길을 사막에 강을 내리니

20 장차 들짐승 곧 승냥이와 타조도
나를 존경할 것은
내가 광야에 물을, 사막에 강들을 내어
내 백성, 내가 택한 자에게 마시게 할 것임이라

21 이 백성은 내가 나를 위하여 지었나니
나를 찬송하게 하려 함이니라

말씀을 암송할 때 말씀이신 하나님을 내 안에 모셔들이는 것입니다. 말씀을 암송할 때
하나님께만 집중할 수 있습니다. 고난이 변.나.명.용이 되는 은혜를 누려보세요.

1/ 가장 소중한 것은 지혜다.

욥기는 '고난서'가 아니라 '지혜서'다. 진귀한 광물을 찾는 것이 어려운 것처럼 지혜는 찾기 어려우며, 어떤 보물로도 지혜의 값을 매길 수 없다. 욥과 그의 친구들은 고난에 관한 설전을 벌이며 지혜를 자랑했으나, 사실 그들 모두가 지혜가 필요한 무지한 자들일 뿐이다.

2/ 고난은 지혜를 제련하는 하나님의 용광로다.

지혜에 이르는 길은 하나님께 있으며, 지혜의 원천은 하나님의 창조 능력에 있다. 참된 지혜가 하나님에게 있으니, 지혜를 얻기 위하는 길은 여호와를 경외함과 악을 멀리함에 있다. 여호와를 경외하기 위해서는 하나님 앞에서 낮아지는 겸손이 있어야 하며, 고난은 사람을 낮추어 겸손하게 하고 결국 지혜를 얻게 하는 하나님의 용광로가 된다.

1 여호와께서 또 욥에게 일러 말씀하시되 2 트집 잡는 자가 전능자와 다투겠느냐 하나님을 탓하는 자는 대답할지니라 3 욥이 여호와께 대답하여 이르되 4 보소서 나는 비천하오니 무엇이라 주께 대답하리이까 손으로 내 입을 가릴 뿐이로소이다 5 내가 한 번 말하였사온즉 다시는 더 대답하지 아니하겠나이다 6 그 때에 여호와께서 폭풍우 가운데에서 욥에게 일러 말씀하시되 7 너는 대장부처럼 허리를 묶고 내가 네게 묻겠으니 내게 대답할지니라 8 네가 내 공의를 부인하려느냐 네 의를 세우려고 나를 악하다 하겠느냐 9 네가 하나님처럼 능력이 있느냐 하나님처럼 천둥 소리를 내겠느냐

chapter
11

하나님의 얼굴을 드러내는
연단의 용광로

인간 스스로 신이 되어버린 우(愚)

앞에서 살펴봤듯이, 욥기 28장에 이르러 '지혜'가 고난의 수면 위로 부상했다. 인생은 고난을 겪으면서 원인을 분석하기보다 오히려 고난의 순간 겸손해지고 낮아지면서 여호와를 경외함으로 하늘의 지혜를 얻게 된다.

그러나 고난을 통해 더 깊은 악에 머무는 경우도 있다. 공산주의 혁명가인 칼 마르크스는 세상의 고통의 원인을 파악하여 행동으로 변화시켜야 한다고 주장했다. 마르크스주의에서는 인류가 고통의 문제를 겪고 있는데, 이것을 해결하지 못하는 신은 존재하지 않는 것이다.

그래서 무신론의 길을 선택했다. 고통의 문제를 해결 못 하는 신의 존재를 지워버린 것이다. 세상의 문제 하나 책임지지 못하는 신을 믿는 것은 어리석다고 생각했다. 그래서 세상을 변화시키기 위해 직접 행동하며 혁명을 일으킨 것이 마르크스주의의 시작이다.

그러나 사실, 무신론자들에게 있어서 신의 존재가 지워진 것이 아니라 인간 스스로가 신이 되어버린 것이다. 인류는 오랜 시간 동안 창조주 하나님을 지워버리고 스스로 역사 속에서 신이 되려고 행동한 경우가 아주 많다.

우리도 예외가 아니다. 삶의 도처에서 일어나는 빈부의 차이, 질병 등 고통의 문제 속에선 하나님을 찾기가 어려워진다. 그리고 이 문제를 해결하기 위해 적극적으로 행동하는 동안 하나님을 지워버리는 오류를 범하는 것이다.

때때로 기독교인들이 신앙을 앞세워 세상을 변화시키고자 하는데, 이때 주의해야 할 것은 마치 교회가 하나님이 된 것처럼 세상을 바꾸려고 해서는 안 된다는 것이다.

마땅히 싸워야 했던 전쟁의 상황에서도 여호수아나 다윗 왕은 전쟁의 참여 여부를 하나님께 반드시 물었다. 하나님의 명령과 지시를 따라 행동했다. 기다려야 할 때가 있고, 기도해야 할 때가 있다. 침묵해야 할 때가 있는가 하면, 소리쳐야 할 때가 있다. 철저하게 하나님의 뜻을 구하고 행동해야 한다. 하나님을 앞질러서 지나치게 행동할 때, 도리어 하나님을 지워버릴 수 있기 때문이다.

극심한 고통 속에서 하나님은 어디 계시는가?

욥의 세 친구가 여기서 그런 우를 범하고 있다. 욥의 세 친구는 하나님을 대변하려는 듯이 논리를 풀어가다가 어느덧 자신들이 하나님인 것처럼 되어버렸다.

욥은 극심한 고통 가운데서 친구들의 위로는커녕 정죄까지 받게 되자 하나님의 존재를 회의하기까지 괴로워한다. 욥기 29장부터 31장까지는 하나님을 찾지만 만나지 못한 괴로움이 가득한 욥의 최후변론이 독백처럼 이어진다.

제2차세계대전 당시 나치 독일 정권이 600만 명의 유대인들을 제도적으로 탄압하고 조직적으로 학살했다. 이를 가리켜 '홀로코스트'(Holocaust)라 한다. 홀로코스트를 겪으면서 많은 유대인이 무신론자가 되었다. 역사상 인류가 겪은 가장 잔인하고 끔찍한 고통의 순간에 하나님은 침묵하셨고, 이 침묵에 많은 유대인들이 분노하며 하나님을 떠났다.

아우슈비츠 수용소의 대량 학살은 그야말로 하나님이 계시지 않는다는 증거처럼 보였다. 하나님이 계신다면 그냥 두시면 안 되는 끔찍하고 잔혹한 현장이었다. 그때 하나님은 어디에 계셨을까?

극심한 고통 가운데서 도저히 하나님을 찾을 수도, 만날 수도 없다. 너무 깊이 외면하고 계신 것 같고, 너무 철저하게 침묵하시는 것 같다.

하나님은 전능하고 선하며 능력이 많은 분이시다. 그러므로 우리가 어떤 고난과 고통 가운데 있을 때 그 문제를 친히 해결해주실 수 있는 능력이 있으시다. 그런데도 여전히 해결 안 되는 고난 가운데 있다면, 하나님이 나를 버리셨거나 아니면 하나님이 무능하시다고 생각하기 쉽다.

욥도 그랬다.

나는 지난 세월과 하나님이 나를 보호하시던 때가 다시 오기를 원하노라 그때에는 그의 등불이 내 머리에 비치었고 내가 그의 빛을 힘입어 암흑에서도 걸어다녔느니라 욥 29:2,3

그러나 이제는 나보다 젊은 자들이 나를 비웃는구나 그들의 아비들은 내가 보기에 내 양 떼를 지키는 개 중에도 둘 만하지 못한 자들이니라 욥 30:1

욥은 "그때에는"이라는 표현으로 화려했던 자신의 과거에 하나님이 어떻게 함께하셨는지를 회상한다. "그러나 이제는" 그 시절은 지나가버렸다. 욥은 과거와 달리 하나님이 버리신 것 같은 비참한 자신의 현실을 탄식하며 애가를 부른다.

하나님이 나를 진흙 가운데 던지셨고 나를 티끌과 재 같게 하셨구나 내가 주께 부르짖으나 주께서 대답하지 아니하시오며 내가 섰사오나

주께서 나를 돌아보지 아니하시나이다 주께서 돌이켜 내게 잔혹하게
하시고 힘 있는 손으로 나를 대적하시나이다 욥 30:19-21

그리고 31장에서는 자신의 삶에 대해 '만일'이라는 표현을 거듭
사용하며 자신의 억울함을 호소하고 있다.

만일 내가 허위와 함께 동행하고 내 발이 속임수에 빨랐다면 … 만일
내 걸음이 길에서 떠났거나 내 마음이 내 눈을 따랐거나 내 손에 더러
운 것이 묻었다면 … 만일 내 마음이 여인에게 유혹되어 이웃의 문을
엿보아 문에서 숨어 기다렸다면… 욥 31:5,7,9

'만일' 자신이 불의를 행하고 죄를 저질렀다면 이런 고난을 당하
는 것이 억울하진 않겠다는 토로였으리라.
하나님이 자신을 버리신 듯한 욥의 탄식을 듣고 있던 엘리후는
32장부터 37장에 이르는 긴 내용으로 욥을 평가하고 비판한다.
그리고 그 후에 비로소 38장에서 하나님이 등장하신다.

하나님이 등장하시면 모든 말이 사라진다
하나님의 등장으로 37장까지의 모든 대화는 잊히고 새로운 국
면을 맞게 된다. 우리 인생은 결국 하나님을 만남으로 모든 궁금

증이 해결되고, 우리의 무수한 말소리들이 비로소 잠잠해진다.

하나님께서 입을 열어 말씀하신다. 욥과 세 친구의 설전이 오가는 동안, 하나님이 안 계신 줄 알았는데 다 듣고 계셨다. 그리고 욥의 고난의 때에 하나님이 욥을 떠나 멀리 계신 줄 알았는데, 곁에 계셔서 다 지켜보고 계셨다. 욥에게 질문을 퍼부으시며 욥과 친구들의 입을 틀어막고 계신다.

하나님은 욥에게 대장부처럼 허리를 묶고 대답하라고 하시지만, 욥은 한마디도 제대로 대답하지 못한다. 하나님의 많은 질문에 대한 욥의 유일한 답변은 간단하다.

보소서 나는 비천하오니 무엇이라 주께 대답하리이까 손으로 내 입을 가릴 뿐이로소이다 내가 한 번 말하였사온즉 다시는 더 대답하지 아니하겠나이다 욥 40:4,5

새번역 성경은 이 부분을 이렇게 표현한다.
"이미 말을 너무 많이 했습니다. 더 할 말이 없습니다."

하나님의 말씀은 우리로 자신의 위치를 알게 해주며, 인간이 신학자나 철학자가 아니라 그저 어린아이임을 깨닫게 해준다. 또한 인간의 자리와 하나님의 자리가 다름을 받아들이게 해준다.

욥이 하나님을 예배하지 않았던 게 아니다. 욥이 하나님의 주권을 부인한 것도 아니다. 욥은 의롭고 순전하여 악에서 떠났으며 하나님께서도 자랑스러워하는 사람이었다.

그러나 아무리 의로운 욥이라도 하나님과 비교는커녕 하나님이 만드신 피조물 앞에서도 아무것도 아닌 존재로 드러나게 될 때 비로소 하나님은 욥의 하나님이 되신다.

인간의 자리와 하나님의 공의

인간의 자리는 가장 밑바닥이다.

"나는 비천하오니….."

하나님이 올려주셔야만 오를 수 있는 존재가 인간이다. 욥은 하나님의 임재로 말미암아 자신의 비천함을 깨닫고 할 말을 잃었다. 여호와의 질문은 계속 이어진다. 이제, 욥 자신이 아니라 하나님에 대해 생각하도록 질문하신다.

인간은 비천한 자아를 발견하는 것으로 만족해서는 안 된다. 자아의 비천함은 곧이어 하나님의 크고 놀라우심을 향한 발견과 고백으로 이어져야 한다.

하나님은 폭풍우 가운데서 '하나님의 공의'에 대해 질문하신다 (욥 40:6-14). 우리는 타인의 악을 지적함으로 자신의 의로움을 드러낼 수 있다고 착각하는 세상에서 살고 있다. 하나님은 욥에게도 비슷한 지적을 하신다.

네가 내 공의를 부인하려느냐 네 의를 세우려고 나를 악하다 하겠느냐

욥 40:8

하나님은 불의하시다고 욥이 직접 표현한 것은 아니지만, 끝까지 자신의 의를 주장함으로써 결과적으로 하나님을 악하다고 하겠느냐는 뜻이다. 우리가 아무리 스스로 의롭다고 할지라도, 타인의 악을 근거로 자신의 의를 정당화해서는 안 된다. 내가 의로워서 타인을 악하게 하는 것은 의가 될 수가 없다. 의는 그 행위로 말미암아 회복되는 관계의 결과를 의롭다고 한다. 그런 바른 판단을 '공의'라고 한다.

욥은 본인의 무죄를 강조하는 과정에서 모든 관계가 깨어졌다. 심지어 자칫 잘못하면 하나님의 공의(판단)마저 불의하고 악하게 만들 소지가 있었다.

40장 15절부터는 41장과 연결하여 인간의 보잘것없음에서 더 나아가 하나님의 위대하심과 놀라운 통치를 선포하고 있다. 베헤못(욥 40:15)과 리워야단(욥 41:1)이 무엇인지, 어떻게 생겼는지는 중요하지 않다. 도대체 알 수도 없는 이런 짐승들의 이름을 거론하는 동안, 욥을 포함한 우리는 인간이 만물의 영장이 아니라는 사실을 알게 된다. 하나님은 인간이 미치지 못하는 영역의 피조물이 인간보다 더 강하고 위대할 수 있음에 대해 말씀하신다.

그런 피조물을 하나님이 다스린다고 하신다. 여기서 베헤못과

리워야단은 여호와께서 만들어내신 피조물이지 여호와와 혈투를 벌이는 대적자가 아니다. 혹은 악이나 세상 왕들에 대한 상징이라고 보기도 하지만, 이 두 존재가 세계를 위협하는 사악한 존재라는 정보는 없다.

하나님의 창조 세계에서 인간이 꼭짓점이 아닐 수도 있다는 가정을 하기 위해 사용된 미지, 혹은 우리가 모르는 짐승의 이름들이다. 그뿐만 아니라 이런 위대한 짐승들조차도 하나님의 통치와 통제 아래 있음을 보잘것없는 인간은 알아야 한다. 베헤못과 리워야단은 인간이 그리 대단한 피조물이 아니라는 것을 알려주는 역할을 하고 있다는 것이다.

"네가 아느냐, 누가 했느냐"라는 표현은 인간 경험의 한계와 인식의 한계, 그리고 존재의 한계를 나타내는 표현이다. 시간적, 공간적으로도 인간의 이해가 미치는 범위는 그리 넓지 않다.

고난의 목적

욥기 28장 이후에 기록된 후반부의 내용은, 고난의 이유를 찾는 데서 한 걸음 더 나아가 고난의 의미와 목적을 풀어가는 과정으로 이해할 수 있다.

욥이 당한 고난의 이유는 실제적으로 하나님 때문일 수도 있다. 사탄에게 욥을 여호와를 경외하고 악에서 떠난 지혜로운 사람으로 자랑했고, 그런 욥을 시험하려고 시작된 것이기 때문이다. 이는 욥은 알지 못하지만 욥기를 읽고 있는 우리는 아는 내용이다.

따라서 욥기는 독자들에게 욥이 왜 고난을 당했는가에 대한 이유를 알려주려고 하는 것이 아니다. 욥이 당한 고난을 통하여 하나님께서 우리에게 들려주고자 하는 '고난의 목적'에 대한 메시지가 있다는 것을 알려주려는 것이다. 바로 '고난에 대한 목적론적 해석'이다.

하나님은 좋은 일만 통하여만 역사하지 않으시고 나쁜 일을 통해서도 계시하신다. 폴 트루니에는 《창조적인 고통》(Creative suffering)에서 고통의 창조적인 힘에 대해 논의하면서 "상실과 고통, 사별, 손실과 창조성의 과정 사이에는 어떤 관계가 존재한다"라고 한다. 그러면서 고통은 어떤 인과관계에 의해서 나타나는 것이 아니라 인과율을 포함한 고통의 모든 과정 사이에는 창조적인 하나님의 질서가 있다고 말했다.

뿐만 아니라 고난과 상실, 고통을 거치는 과정에서 인간의 반응은 창조적인 하나님의 계획 속에서 성숙하게 된다고 말한다. 욥기 38-40장에 이르는 하나님의 등장은 결국, 욥의 고통을 통해서 하나님께서 인간과 교통하신다는 것을 알게 된다.

이런 고통 가운데 하나님께서는 자연에 드러난 하나님의 섭리, 곧 피조물은 죽었다 깨어나도 모르는 하나님의 창조 질서를 보여주시면서 '욥, 너 이거 알아?'라고 물으신다. 욥이 완전히 입을 틀어막고 할 말을 잃었을 때, 비로소 깨닫게 된다. 자신이 당한 고난의 끝에서 만나게 된 하나님이 얼마나 큰 영광이고 축복인지 말이다.

용광로의 목적 - 하나님의 얼굴이 드러날 때까지

하나님의 용광로 두 번째 메시지의 결론은 이것이다. 고난이라고 하는 용광로의 목적은 고난의 끝자락에 다 태우고 녹여내어서 그 끝에 남는 것이 하나님이 되는 것이다. 그렇게 될 때까지 우리를 고난으로 단련하신다.

금의 순도를 나타내는 단어는 '캐럿'(Karat)이다. 캐럿은 중동지역에서 나는 콩과 식물의 한 종류인 '캐럽'(Carob)에서 유래했다고 한다. 19세기 중동지역에서는 말린 캐럽을 한 손에 쥔 정도를 기준으로 금이나 소금 등의 물건을 교환했다. 캐럽이 무게를 재는 기준이 됐던 것이다.

캐럽은 보통 어른의 손으로 쥐면 24개가 잡히는데, 순도가 가장 높은 99.99퍼센트의 순금을 24K라고 표시하는 것이 바로 여기에서 유래했다. 18K는 24분의 18 정도의 순도이므로 75퍼센트가 금이고 나머지 25퍼센트는 다른 금속이 들어 있다는 의미가 된다.

고대에는 금을 정제해서 제련할 때 주로 녹여서 금의 순도를 맞춰냈는데, 요즘처럼 순도를 측정할 기술이 없었다. 그때 금 제련

사들이 사용하는 금의 순도를 감별하는 방법이 있다. 그것은 녹은 금에 자기 얼굴을 비춰 보아 자신의 얼굴이 선명하게 보일 때까지 녹여내는 것이다. 선명하게 잘 보이면 순금이고, 흐리게 보이거나 안 보이면 불순물이 많이 섞인 것이라고 판단한 것이다.

하나님의 용광로인 고난은 그 속에 우리를 넣어서 하나님의 얼굴이 비칠 때까지 우리를 녹이고 태우고 낮춘다. 고난이란 연단을 통해 찌꺼기는 없애고, 깎을 것을 깎고, 버릴 것은 버리도록 하신 후에 하나님께서 자신의 형상을 그 인격에서 찾으신다.

결국 우리의 고난은 하나님께서 자신을 드러내는 거울과 같다. 세상의 고난은 고난 자체에 몰입하여서 삶의 질고와 어두움이 상흔으로 남지만, 그리스도인의 고난은 그 고난을 통해 순결해지고 순도가 높아지며 하나님의 얼굴이 드러나게 된다.

고난은 하나님이 함께하기 위한 장소다. 하나님이 그 자리에 함께 계시며, 거기서 자신을 드러내기를 기뻐하신다. 다니엘의 사자굴에 하나님은 함께하셨다. 다니엘의 세 친구들의 풀무불 속에 함께했던 네 번째 사람, 그가 하나님이셨다.

고난에 몰입하지 말고 거기 함께 계시는 하나님을 만나자. 우리가 그 얼굴을 대하기까지 하나님을 찾고 또 찾아야 한다.

이사야 43장 19-21절

19 보라 내가 새 일을 행하리니
이제 나타낼 것이라
너희가 그것을 알지 못하겠느냐
반드시 내가 광야에 길을 사막에 강을 내리니

20 장차 들짐승 곧 승냥이와 타조도
나를 존경할 것은
내가 광야에 물을, 사막에 강들을 내어
내 백성, 내가 택한 자에게 마시게 할 것임이라

21 이 백성은 내가 나를 위하여 지었나니
나를 찬송하게 하려 함이니라

말씀을 암송할 때 말씀이신 하나님을 내 안에 모셔들이는 것입니다. 말씀을 암송할 때
하나님께만 집중할 수 있습니다. 고난이 변.나.명.용이 되는 은혜를 누려보세요.

1
/ 하나님이 임재하시면 인간의 모든 말은 사라진다.

하나님이 임하시면 그동안 난무했던 인간의 모든 말이 사라진다. 극심한 고통 중에 하나님께서 안 계신 것 같고 침묵하시는 것 같아도, 그 곁에 하나님은 함께하시며, 모든 말을 듣고 계신다. 그리고 그 무수한 말들은 하나님의 임재 앞에서 의미를 잃고 사라진다.

2
/ 고난은 하나님의 얼굴을 비추는 하나님의 용광로다.

고난이라는 용광로는 우리 안에 하나님의 얼굴이 비칠 때까지 우리를 제련한다. 따라서 그리스도의 고난은 하나님의 얼굴을 드러내는 거울과 같다. 하나님께서는 고난의 자리에서 우리와 함께하시며, 그곳에서 자신을 드러내기를 기뻐하신다. 그러니 고난에 몰입하지 말고 거기 함께 계시는 하나님을 만나야 한다. 그분의 얼굴을 대하기까지 하나님을 찾고 또 찾아야 한다.

1 욥이 여호와께 대답하여 이르되 2 주께서는 못 하실 일이 없사오며 무슨 계획이든지 못 이루실 것이 없는 줄 아오니 3 무지한 말로 이치를 가리는 자가 누구니이까 나는 깨닫지도 못한 일을 말하였고 스스로 알 수도 없고 헤아리기도 어려운 일을 말하였나이다 4 내가 말하겠사오니 주는 들으시고 내가 주께 묻겠사오니 주여 내게 알게 하옵소서 5 내가 주께 대하여 귀로 듣기만 하였사오나 이제는 눈으로 주를 뵈옵나이다 6 그러므로 내가 스스로 거두어들이고 티끌과 재 가운데에서 회개하나이다 7 여호와께서 욥에게 이 말씀을 하신 후에 여호와께서 데만 사람 엘리바스에게 이르시되 내가 너와 네 두 친구에게 노하나니 이는 너희가 나를 가리켜 말한 것이 내 종 욥의 말 같이 옳지 못함이니라 … 9 이에 데만 사람 엘리바스와 수아 사람 빌닷과 나아마 사람 소발이 가서 여호와께서 자기들에게 명령하신 대로 행하니라 여호와께서 욥을 기쁘게 받으셨더라

고난의 용광로에서 드러나는
마지막 보물

번영보다 고난이 더 많은 크리스천의 삶

하나님을 찬양하며 예수님의 제자로 살고, 기도와 기쁨과 감사와 찬송과 순종의 삶을 살아도 크리스천의 삶에는 축복과 번영보다 고난과 고통이 더 많을 수 있다. 왜냐하면 우리는 사탄이 공중 권세를 잡은 타락한 세상에서 하나님나라 운동을 하는 예수님의 제자들이기 때문이다.

1세기 당시 로마의 지배하에서 예수님의 제자들의 삶이 그랬다. 그들은 재산을 빼앗겼고, 박해를 받았으며, 쫓겨다녀야 했다. 로마의 원형경기장에서 사자에게 살점이 뜯기고, 십자가에서 화형을 당하기도 했으며, 이유 없는 고난과 고통의 삶을 살아야 했던 이들이 초대교회 그리스도인들이었다.

성도의 삶은 땅에서 부귀영화를 누리기보다 오히려 고난과 고통을 더 많이 경험하게 된다. 예수님 당시에도 그랬고, 앞으로도 그럴 것이다.

우리는 지금까지 이렇게 성도의 삶에 불쑥 찾아오는 고난과 고통의 문제를 욥의 인생을 통해 '변나명용'이라는 네 가지 측면으로 살펴보았다.

고난은 어떤 이유에서 닥치건 고난당하는 사람에게 참 어렵고 힘들다. 더욱이 좀처럼 해결되지 않은 채 길고 지루하게 이어지곤 한다. 그래서 그 길고 긴 고난의 터널을 지나는 동안 외롭지 말라고 하나님께서 세 친구를 보내신 것일까? 그들이 없었다면 욥은 그 긴 고난의 시간을 어떻게 보냈을까?

욥을 위로해주기는커녕 하도 자기 말만 옳다고 하며 온갖 해석과 조언과 충고를 해대는 통에 밉고 짜증도 났던 엘리바스와 빌닷과 소발이었지만, 그래도 생각해보면 이들이 없었다면 욥은 그 극심한 고통과 외로움 속에서 스스로 믿음을 포기하거나 삶을 저버리는 선택을 했을지도 모른다.

하나님이 나타나시기 전까지 계속해서 욥을 격분하게 하고 도발했지만, 그 덕분에 욥은 고난에 대해 다양한 대화를 이어갈 수 있었다.

긴 논쟁의 시간이 지나고 드디어 그 모든 대화를 말없이 들으신 하나님께서 등장하신다. 하나님의 임재 앞에서 욥과 친구들은 할 말을 잃었고, 고난과 하나님에 대한 근본적인 깨달음을 얻게 된다.

욥은 이전보다 두 배의 축복을 받았으며 오래 살다가 나이가 많아 죽었다는 내용으로 욥기는 끝난다. 그러나 고난을 잘 견디면 두 배의 복을 받는다는 것이 욥기의 결말은 아니다.

하나님의 얼굴을 드러내는 거울

욥기 38장에서 등장하신 하나님은 욥에게 인간의 한계와 하나님의 위대하심을 알게 하는 약 60여 개의 질문을 던지신다.

'내가 땅을 창조할 때 너는 어디 있었느냐?'

'누가 그것의 도량법을 정하였느냐?'

'네가 하나님처럼 능력이 있느냐?'

'네가 하나님처럼 천둥 소리를 내겠느냐?'

'소같이 풀을 먹는 베헤못을 누가 잡겠느냐?'

'네가 낚시로 리워야단을 끌어낼 수 있겠느냐?'

하나님의 질문 앞에 욥과 친구들은 할 말을 잃고 묵묵부답이었다. 이 모든 질문은 욥과 세 친구의 무지함을 야단치시기 위함이 아니다. 인간의 앎과 삶에는 반드시 한계가 있다는 것을 깨우쳐주시기 위함이다.

스스로의 삶의 한계를 아는 것이 중요하다. 인간의 한계를 알 때야에 하나님의 위대하심을 발견하게 되기 때문이다. 고난은 하나님의 얼굴을 발견하는 용광로가 된다.

용광로의 가장 마지막 보물

하나님의 용광로에서 가장 마지막에 드러나는 보물은 '십자가'다. 세상 사람들의 고난은 고통의 흔적인 상흔으로 남지만, 성도의 고난은 하나님의 얼굴을 드러내는 거울이 된다. 가장 위대한 고난의 거울은 바로 '십자가'다.

십자가에서 예수님은 우리의 죄를 용서하셨고, 하나님과 인간 사이를 화목게 하셨다. 이 화목을 이루기 위해 하나님이신 예수님은 죄 없이 고난당하셨다. 아버지에게도 버림받아야만 했던 자리, 그래서 할 수만 있거든 이 잔을 옮겨달라고 밤새 울부짖으며 기도하실 만큼 어려운 고난의 십자가를 주님이 지셨다. 그리고 그 고난의 끝에서 십자가는 하나님과 우리의 화목을 이루는 놀라운 은혜의 메시지가 되었다.

욥기의 마지막 장면인 42장 1-9절은, 그 십자가의 메시지를 떠올리게 하는 회개와 회복의 장면을 그리고 있다.

욥은 귀로 듣기만 하던 하나님을 눈으로 뵙고 하나님 앞에 회개하는 기도를 드렸다(욥 42:1-6).

그러므로 내가 스스로 '거두어들이고' 티끌과 재 가운데에서 회개하나이다 욥 42:6

여기의 '거두어들인다'라는 말은 히브리어로 '에므아쓰'로 '거부

한다, 거절한다, 철회한다'라는 뜻이다. 원문에는 목적어가 생략되어 있어서 정확히 무엇을 거부하는 것인지 알 수는 없다. 하지만 지금까지 나온 욥과 친구들과의 대화, 그리고 욥과 하나님과의 대화를 종합해볼 때, 구약신학자 하벨의 견해를 따라 욥이 자신의 주장과 고소를 철회한다고 보는 것이 합당하다. 그래서 새번역 성경은 이 부분을 이렇게 번역했다.

> 그러므로 저는 제 주장을 거두어들이고, 티끌과 잿더미 위에 앉아서 회개합니다. 욥 42:6, 새번역

그리고 '회개한다'로 번역된 동사 '니함'은 '회개하다'라는 뜻도 있지만, '후회하다, 위로를 얻다'라는 뜻으로 더 많이 번역된다.

> 욥을 위문하고 위로하려 하여 욥 2:11

> 내가 말하기를 내 잠자리가 나를 위로하고 욥 7:13

> 너희는 다 재난을 주는 위로자들이구나 욥 16:2

> 너희는 나를 헛되이 위로하려느냐 욥 21:34

애곡하는 자를 위로하는 사람과도 같았으니라 욥 29:25

여기서는 '니함'을 다 '위로'의 뜻으로 번역했다. 따라서 욥기 42장 6절에서도 문맥상 '후회나 회개'보다 '위로 혹은 만족을 얻다'로 보는 것이 가능하다.

즉, '나의 고소를 철회하고 비로소 만족을 얻습니다'라는 뜻이다. 진심 어린 회개의 결과가 주는 위로일 것이다.

더 나아가 '니함'(위로를 받다)이라는 단어는 '티끌과 재'와 함께 이해하면 더 도움이 된다. '티끌과 재(지금 욥의 상황)에서 비로소 위로가 된다' 또는 '극한 슬픔 속에서 티끌을 날려 자기 머리에 뿌리듯이 인간은 티끌과 재로 될 운명이라는 점을 포함해서 현재의 고통과 극심한 슬픔, 생명의 유한한 존재가 비로소 만족과 위로를 얻는다'라는 해석도 가능하다.

욥은 원인도 모를 고난을 당하며 그 원인을 찾기 위해 세 친구와 끝도 없는 논쟁을 하면서 하나님을 만났다. 그리고 더 이상의 논쟁은 필요 없어졌다. 답을 찾을 이유도 없어졌다. 그들은 위로를 받았다.

그리고 하나님께서 욥과 친구들 사이에서 서로 용서를 구하고 용서하도록 중재의 대화를 하신다. 세 친구를 꾸짖으시며 욥이 옳다고 말씀하셨고, 욥을 위하여 번제를 드리라고 하신 하나님은 욥이 세 친구를 위해 기도하자 용서하시고 기쁨으로 그들을 받아주셨다. 이 장면이 욥기의 결론이다.

고난 받는 성도의 결말은 두 배의 축복이 아니라. 십자가를 통한 용서와 화해다.

고난의 결론은 십자가

부활하신 예수님이 제자들에게 마지막으로 당부하신 것은 땅 끝까지 이르러 복음을 전하라는 것이었는데, 이 복음은 죄 사함의 복음이다.

> 예수께서 또 이르시되 너희에게 평강이 있을지어다 아버지께서 나를 보내신 것 같이 나도 너희를 보내노라 이 말씀을 하시고 그들을 향하사 숨을 내쉬며 이르시되 성령을 받으라 너희가 누구의 죄든지 사하면 사하여질 것이요 누구의 죄든지 그대로 두면 그대로 있으리라 하시니라 요 20:21-23

성도의 권세는 죄 사함의 권세다. 욥은 죄 없이 고난을 당해서 억울했다. 친구의 위로도 전혀 도움이 되지 않았다. 그러나 하나님의 등장으로 하나님의 얼굴에 비친 십자가를 보면서 비로소 알게 되었다. 죄 없는 자가 당하는 고난은 장차 예수님이 그렇게 고난당하실 것을 보여주시는 하나님의 깊은 지혜였다.

그래서 하나님의 지혜는 깊고 측량할 수 없으며 우리가 미처 헤아릴 수 없다는 것이다.

깊도다 하나님의 지혜와 지식의 풍성함이여, 그의 판단은 헤아리지 못할 것이며 그의 길은 찾지 못할 것이로다 롬 11:33

하나님의 선하심이 가장 선명하게 드러난 곳이 십자가다. 하늘 문은 십자가를 통한 용서와 자비의 열쇠로 연다.

그래서 욥기의 결론은 마지막 장면에 그려진 두 배의 축복이 아니라 욥이 용서하고 욥에게 용서를 구하도록 중재하시는 하나님의 십자가 정신으로 드러나는 것이다.

십자가에 이르는 축복의 여정

신약에서 이런 고난을 당한 사람이 있다면 사도 바울일 것이다. 바울은 예수님을 믿기 전에 성공 가도를 달리던 사람이었다. 그런 바울의 삶이 예수님을 믿고 난 후부터는 고난 그 자체였다.

바울의 모습은 빛나고 고운 모습은 아니었을 것이다. 많이 걷고 배를 타기도 하며 먼 거리를 다녔기에 늘 검게 그을린 얼굴에, 몸 여기저기에 상처와 흉터가 가득했을 것이다. 모진 고문에 손가락이 굽어 있을 수도 있고, 돌에 맞아 아물지 않은 흉터들이 여기저기 있었을 수도 있다.

고린도후서 11장 23절 이하를 보면 바울이 복음을 전하면서 얼마나 많은 고난을 당했는지 알 수 있다.

내가 수고를 넘치도록 하고 옥에 갇히기도 더 많이 하고 매도 수없이 맞고 여러 번 죽을 뻔하였으니 유대인들에게 사십에서 하나 감한 매를 다섯 번 맞았으며 세 번 태장으로 맞고 한 번 돌로 맞고 세 번 파선하고 일 주야를 깊은 바다에서 지냈으며 여러 번 여행하면서 강의 위험과 강도의 위험과 동족의 위험과 이방인의 위험과 시내의 위험과 광야의 위험과 바다의 위험과 거짓 형제 중의 위험을 당하고 또 수고하며 애쓰고 여러 번 자지 못하고 주리며 목마르고 여러 번 굶고 춥고 헐벗었노라 고후 11:23-27

이런 고난을 당한 바울은 자신의 삶에 그려진 고난의 상처를 이렇게 말한다.

이후로는 누구든지 나를 괴롭게 하지 말라 내가 내 몸에 예수의 흔적을 지니고 있노라 갈 6:17

그는 고난의 삶이 남긴 흉터를 자신의 몸에 지닌 예수의 흔적이라고 말했다. 여기서 '흔적'이라는 말은 헬라어로 '스티그마'인데,

이는 노예나 가축의 몸에 불도장을 찍어서 주인이 누구인지를 나타내는 일종의 도장 혹은 낙인과 같은 것이었다.

당시 안디옥과 알렉산드리아, 에베소, 로마에 이르기까지 수많은 노예들이 있었는데 그들은 주인의 소유가 되었다는 표시로 불도장을 받아야 했다. 목장의 주인들도 동물들이 자신의 소유라는 것을 표시하기 위해 낙인을 찍었다.

바울은 자기 몸에 난 상처의 흔적들을 예수의 흔적(낙인)이라고 말함으로써 자신이 그 누구의 소유가 아닌 예수 그리스도의 소유, 즉 주님의 노예라고 얘기하고 있는 것이다. '나는 더 이상 내가 주인이 아니다. 내 주인은 바로 예수 그리스도시다'라는 것을 고백하는 것이다.

그래서 바울은 서신서마다 "예수 그리스도의 종 된 나 바울은"이라고 시작한다. '예수의 낙인이 찍힌 그 노예가 바로 나 바울'이라고 얘기하는 것이다.

고난은 내 몸에 지니는 십자가의 흔적이며, 예수를 드러내는 메시지다. 그리고 그 메시지는 용서와 사랑으로 열매 맺게 된다.

고난의 길 끝에서 예수님과 그분의 십자가를 묵상할 수 있다면, 그 고난은 더 이상 고난이 아니라 축복이다. 우리는 고난을 통해 그리스도의 흔적을 지니게 된다.

예수님이 겪으셔야 했던 상상 못 할 고난과 고통이 우리에게 구원이 되었다. 우리는 앞으로도 말로 다 할 수 없는 고통의 순간을 겪게 될 것이다. 피할 수 없다. 그러나 그때마다 주님의 십자가를 묵상하며 우리 몸에 그리스도의 흔적을 갖는 은혜와 회복의 시간으로 보낼 수 있기를 바란다.

고난은 십자가에 이르는 축복의 여정이다.

이사야 43장 19-21절

19 보라 내가 새 일을 행하리니
이제 나타낼 것이라
너희가 그것을 알지 못하겠느냐
반드시 내가 광야에 길을 사막에 강을 내리니

20 장차 들짐승 곧 승냥이와 타조도
나를 존경할 것은
내가 광야에 물을, 사막에 강들을 내어
내 백성, 내가 택한 자에게 마시게 할 것임이라

21 이 백성은 내가 나를 위하여 지었나니
나를 찬송하게 하려 함이니라

말씀을 암송할 때 말씀이신 하나님을 내 안에 모셔들이는 것입니다. 말씀을 암송할 때 하나님께만 집중할 수 있습니다. 고난이 변.나.명.용이 되는 은혜를 누려보세요.

1 / 고난의 용광로에서 발견한 마지막 보물은 십자가다.

욥기의 결론은 욥과 친구들이 서로를 용서하고 용서를 구하는 십자가의 정신이다. 하나님의 용광로에서 가장 마지막에 드러나는 보물은 '십자가'다. 세상 사람들의 고난은 고통의 흔적인 상흔으로 남지만, 성도의 고난은 하나님의 얼굴을 드러내는 거울이 된다.

2 / 성도의 고난은 십자가에 이르는 복된 여정이다.

고난의 결말은 '십자가를 통한 용서와 화해'다. 고난은 우리 몸에 지니는 그리스도의 흔적이자, 예수 그리스도를 드러내는 메시지가 된다. 고난 끝에 십자가를 묵상할 수 있다면 그 고난은 더 이상 고난이 아니라 축복이다.

그의 얼굴을 대할 때까지

'변나명용'에 대해 집필하려고 마음먹은 순간부터 고난의 서막이 시작되었습니다. 먼저 고난당해보지 않고서는 고난당하는 자를 논하지 말하는 뜻이었나봅니다.

이 책을 저술하는 동안 교회는 큰 어려움을 겪게 되었습니다. 교회가 상가 건물에서 단독 교회 건물로 이전을 결정하는 과정에서 성도들이 상처를 받고 교회를 떠나게 된 것입니다. 17년을 기쁘게 섬겼던 교회였습니다. 성도들 중에 젊은 사람들은 대부분 어린 시절부터 함께 동고동락하던 가족 같은 동역자들이었습니다.

매주 목양실 앞에 와서 이제 다른 교회를 출석하겠다고 인사를 하고는 하나둘씩 하고는 떠나는데, 교인의 3분의 1이 떠나갔습니다. 저는 등을 돌리고 가는 성도들을 바라볼 힘도 없었습니다.

이렇게 되자 이번에는 아내가 말합니다.

"이제 그만하고 싶어요. 쉬고 싶어요."

하루아침에 모든 것을 잃은 것 같았습니다.

저는 여장을 꾸려서 7월 말의 폭염 중에 길을 나섰습니다. 서른 다섯 번째 대구사랑걷기였습니다. 아무도 몰래 혼자 출발하여 사흘간 대구 외곽 104킬로미터를 걸었습니다. 상한 마음으로 소리 질러 기도하고 암송하면서 터벅터벅 걸었습니다. 너무 더워서 땅의 열기만으로도 얼굴이 뜨거웠지만, 목사로서 내가 뭘 잘못했는지 돌이켜보니 낯이 더 뜨거워졌습니다.

아내가 걱정할 것 같아서 몰래 길을 나섰는데, 아침에 내가 사라진 것을 알고 아내가 급하게 차를 몰고 내가 걷고 있는 길로 달려왔습니다. 길에서 둘이 부둥켜안고 울었습니다.

그렇게 뜨거운 무더위 속에서 대구를 한 달 사이에 두 바퀴 걸었습니다.

그 걸음 끝에 《고난극복 : 변나명용》이 기록되었습니다. 그리고 엠마오교회는 17년 만에 단독 건물인 예배당으로 이전하여 예배 드릴 수 있게 되었습니다.

그 과정에서 목회적인 자신감과 교만한 마음을 다 내려놓게 되었습니다. 지난 17년간 교회가 성장하면서 자신만만해진 목회적 교만이 있었습니다. 저는 욥과 같이 목회자의 겉옷을 찢고 납작 엎드려 기도할 수밖에 없었습니다. 성도들과 함께 어울리면서 즐겁고 행복한 신앙생활에 젖어 있던 나 자신을 깨워서 더 간절한 기도의 자리로 나갈 수 있게 되었습니다.

조각가가 대리석을 깎고 또 깎은 후에 잘 문지르고 광택을 내어 빛나게 한 다음에 전시하듯이, 이 고난의 과정 끝에서 하나님께서 들어 쓰시는 것을 경험하게 되었습니다. 지난 17년 동안 다녔던 집회보다 더 많은 사역들이 엠마오교회와 함께 펼쳐지게 되었습니다.

고난의 끝은 용광로입니다. 하나님은 그분의 얼굴이 드러날 때까지 우리를 녹여내십니다. 아직도 나에게 붙어 있는 불순물들을 태우시고 녹이셔서 주님의 얼굴이 드러날 때까지 이 고난은 지속될 것입니다.

고난은 우리가 느끼지 못하는 동안에도 꾸준히 다가옵니다. 욥은 이유도 몰랐던 고난의 끝에서 하나님의 얼굴을 뵈었습니다. 우리의 고난은 하나님의 얼굴을 뵙고, 하나님의 얼굴로 빛나게 되는 축복의 선물입니다.

고난극복 : 변나명용

초판 1쇄 발행	2024년 11월 5일
초판 2쇄 발행	2024년 11월 11일
지은이	한창수
펴낸이	여진구
책임편집	이영주 박소영
편집	최현수 구주은 안수경 김도연 김아진 정아혜
책임디자인	조은혜	마영애 노지현
홍보 · 외서	진효지
마케팅	김상순 강성민
제작	조영석 허병용

마케팅지원 최영배 정나영
경영지원 김혜경 김경희

303비전성경암송학교 유니게 과정
이슬비전도학교 / 303비전성경암송학교 / 303비전꿈나무장학회

펴낸곳 규장

주소 06770 서울시 서초구 매헌로 16길 20(양재2동) 규장선교센터
전화 02)578-0003 팩스 02)578-7332
이메일 kyujang0691@gmail.com
페이스북 facebook.com/kyujangbook
카카오스토리 story.kakao.com/kyujangbook
등록일 1978.8.14. 제1-22

홈페이지 www.kyujang.com
인스타그램 instagram.com/kyujang_com

ⓒ 저자와의 협약 아래 인지는 생략되었습니다.
이 출판물은 저작권법에 의해 보호를 받는 저작물이므로 무단 전재와 무단 복제를 할 수 없습니다.

책값 뒤표지에 있습니다.
ISBN 979-11-6504-573-9 03230

규 | 장 | 수 | 칙

1. 기도로 기획하고 기도로 제작한다.
2. 오직 그리스도의 성품을 사모하는 독자가 원하고 필요로 하는 책만을 출판한다.
3. 한 활자 한 문장에 온 정성을 쏟는다.
4. 성실과 정확을 생명으로 삼고 일한다.
5. 긍정적이며 적극적인 신앙과 신행일치에의 안내자의 사명을 다한다.
6. 충고와 조언을 항상 감사로 경청한다.
7. 지상목표는 문서선교에 있다.